Arrogance, Bêtise, Couardise

L'ABC des pires erreurs militaires

Bertrand Dietz

Arrogance, Bêtise, Couardise

L'ABC des pires erreurs militaires

Éditions de l'**Opportun**

Directeur éditorial : Stéphane Chabenat
Éditrice : Pauline Labbé
Conception graphique et mise en pages : Nord Compo
Conception couverture : olo.éditions

Les éditions de l'**Opportun**
16, rue Dupetit-Thouars
75003 Paris

www.editionsopportun.com

Sommaire

Introduction 7

Cannes (Italie, 216 avant J.-C.) 13

Azincourt (France, 1415) 33

Balaclava (Crimée, 1854) 51

Little Bighorn (États-Unis, 1876) 75

Isandlwana (Afrique du Sud, 1879) 101

Tsushima (Corée, 1905) 121

L'expédition des Dardanelles (Turquie, 1915) 141

Dien Bien Phu (Vietnam, 1954) 167

Remerciements 193

Index 195

Bibliographie 201

Table des matières 207

Table des cartes 211

Introduction

> *« Il est vrai que, parfois, les militaires, s'exagérant l'impuissance relative de l'intelligence, négligent de s'en servir. »*
>
> Charles de Gaulle, *Le Fil de l'épée*

Les batailles gagnées se ressemblent toutes. Les batailles perdues le sont chacune à leur façon. Depuis que Sir Edward Shepherd Creasy fit paraître en 1851 *The Fifteen Decisive Battles of the World : from Marathon to Waterloo,* de nombreux livres sur les grandes batailles de l'histoire mondiale ont été régulièrement publiés, dans les pays anglo-saxons comme en France[1]. Le présent ouvrage se propose de contribuer au renouveau du genre de l'*histoire bataille,* terme possédant des connotations péjoratives dans le monde académique, mais qui connaît aujourd'hui un évident retour en grâce, sans doute magistralement initié par Georges Duby, avec son *Dimanche de Bouvines* paru en 1973.

En cherchant à illustrer la formule pleine d'humour de Charles de Gaulle, le propos est d'identifier, de la période antique à l'époque contemporaine, des désastres militaires causés par l'impéritie, la suffisance et l'improvisation, ou – pour reprendre les termes gaulliens – la négligence du commandement vis-à-vis de l'intelligence. Pour autant, ce livre n'est pas un pamphlet antimilitariste. Son auteur

1. Une sélection de ce sous-genre littéraire est présente en fin de volume.

n'entretient pas non plus de fascination suspecte pour son objet, et il considère comme une donnée acquise que la guerre est un fait de civilisation, dont l'existence, avérée depuis le Néolithique au moins, a depuis affecté toutes les cultures, et que l'activité militaire est indissociable de l'activité humaine. On peut, bien sûr, le déplorer.

Les grandes batailles ont donné lieu à des représentations très fortes, symboliquement chargées, pour les vainqueurs comme pour les vaincus, mais aussi pour des cultures éloignées, dans l'espace et dans le temps, de celles des belligérants. La bataille de Cannes a ainsi été érigée en totem par l'école de guerre prussienne, puis allemande. En raison de l'importance de ces représentations, des éclairages sur la façon dont la littérature, le cinéma ou la pop culture se sont emparés de ces événements ont été intégrés à la fin de chaque chapitre.

Les lecteurs familiers de l'histoire militaire s'étonneront peut-être de trouver ici des épisodes dont certains sont très connus. Certes, ces événements ont souvent été abondamment étudiés. « Il vaut mieux partir d'un cliché que d'y finir », disait Hitchcock. C'est ce *motto* que nous ferons nôtre, en montrant que des analyses originales peuvent bouleverser la représentation que nous avons de certaines de ces batailles. On peut en outre espérer que ce qui, en première analyse, semble un cliché pour des lecteurs au fait – et l'histoire militaire est un domaine de spécialistes, qu'ils soient chercheurs, universitaires, professionnels du combat ou amateurs passionnés – constituera pour d'autres des découvertes immédiatement fécondes.

Revenons au projet initial du livre : négliger de se servir de l'intelligence, quelle vérité l'expression recouvre-t-elle ? La croyance en la supériorité de ses armes est souvent à la base de choix tactiques erronés. On peut rattacher à cette attitude le traditionnel mépris du cavalier pour le fantassin, assorti d'une éthique liée à la sociologie d'une pratique militaire idéale, comme à Crécy, Poitiers, Azincourt. La chevalerie française s'est longtemps fait une spécialité de ce travers. À Pavie encore, c'est le même idéal chevaleresque qui pousse la fine fleur de la noblesse, le roi François Ier à sa tête, à charger les troupes impériales et à tout perdre, « for l'honneur ». La charge de Ney à Waterloo, et bien sûr l'emblématique charge de la brigade légère à Balaclava participent de cette même posture qui fait croire à l'homme à cheval qu'il est supérieur, et qui transforme sa charge en course à la mort. La cavalerie joue un rôle essentiel dans la moitié des batailles présentées dans ce livre. Il est vrai que l'on peut considérer que le 7e régiment de cavalerie combat à Little Bighorn comme une troupe d'infanterie à cheval, à la manière des dragons d'ancien régime : la monture est alors utilisée comme un mode de déplacement plus que comme une arme de choc, les soldats mettant pied à terre pour combattre. Mais rappelons également que le commandant du camp de Dien Bien Phu, le colonel Christian de La Croix de Castries, est officier de cavalerie, tout comme le général Henri Navarre, commandant général des forces françaises en Indochine. Hasard ? Sans doute.

L'excès de confiance se retrouve particulièrement dans les guerres asymétriques. Les guerres coloniales, opposant des forces occidentales bénéficiant d'un armement et d'une logistique modernes à des combattants apparemment moins organisés, et disposant d'un armement de qualité inférieure, marquées par le mépris de l'homme blanc pour « l'indigène », fournissent ainsi de beaux exemples de désastres militaires en Amérique, en Afrique ou en Asie.

L'impréparation, la fausse bonne idée, l'incapacité à traduire opérationnellement une décision stratégique constituent un autre ensemble de facteurs clés d'échecs retentissants. Ces péchés contre l'art opératif, équivalent militaire de ce que l'entreprise appelle excellence opérationnelle, démontrent qu'avoir une stratégie et un plan est sans doute indispensable, mais que tout repose en définitive sur l'efficacité de leur mise en œuvre. « La guerre est un art simple et tout d'exécution », disait Napoléon.

Si les batailles présentées ici font la part belle à l'histoire militaire anglo-saxonne en général, et britannique en particulier, c'est essentiellement pour deux raisons : d'abord parce que la consultation d'une abondante littérature anglo-saxonne, non traduite, nous donne l'occasion de faire accéder le lecteur francophone à des éclairages nouveaux, y compris sur des événements qu'il pouvait croire connus. La seconde raison est qu'il se trouve que l'officier britannique, lorsqu'il appartient à l'aristocratie et qu'il est parvenu à son poste par privilège de naissance, comme cela a longtemps été le cas, présente une image archétypale : celle du chef militaire plein de morgue, persuadé que sa supériorité de classe, de caste, quand ce n'est pas de race, va lui permettre de surclasser facilement l'adversaire. Cet aveuglement l'empêche d'utiliser ses capacités de réflexion les plus évidentes. Par ailleurs, si la sous-estimation de l'adversaire est à la base de toutes les défaites, négliger l'importance de la composition de son équipe est également une erreur fréquente : le manque de communication dans le meilleur des cas, mais le plus souvent la rivalité, la mésentente, voire la haine entre les chefs sont des éléments présents dans quasiment toutes les défaites présentées ici. C'est pour ces raisons que des encadrés biographiques éclairent la formation intellectuelle et les *a priori* sociologiques des généraux impliqués dans les événements racontés. Ces explications permettent de mieux comprendre l'importance du facteur humain, dans ce concentré de tragédies individuelles et collectives que constitue une bataille.

Cannes
(Italie, 216 avant J.-C.)

La plus grande défaite de Rome, ou comment abandonner une stratégie gagnante et se jeter dans la gueule du loup

Le 2 août 216 avant J.-C., dans la chaleur torride de l'été méditerranéen, les légions romaines subissent une défaite se concluant par la destruction de la plus grande armée romaine jamais rassemblée sur le sol italien. Face à une armée carthaginoise moins nombreuse, éloignée de ses bases et composée de troupes hétéroclites, ce désastre résulte d'une succession d'erreurs romaines.

La bataille de Cannes a été étudiée par des générations de stratèges et de militaires jusqu'à l'époque contemporaine. Érigée en modèle à imiter, elle est encore aujourd'hui enseignée dans les écoles militaires du monde entier. Elle est classiquement présentée comme l'expression du génie d'Hannibal Barca, un des plus grands stratèges de l'histoire militaire. Si à Cannes, petite cité romaine d'Apulie, désormais province italienne des Pouilles, la plus grande armée romaine jamais rassemblée sur le sol de la péninsule est exterminée par une armée carthaginoise deux fois moins nombreuse, c'est sans aucun doute parce qu'Hannibal était un général exceptionnel. Mais sa victoire éclatante doit beaucoup aux erreurs de ses adversaires, les consuls romains Varron et Paul Émile, trop sûrs de leur supériorité numérique et de la valeur de leurs armes. Ils lui ont considérablement facilité la tâche.

Situation géopolitique générale : la lutte à mort entre Rome et Carthage

La bataille oppose les Carthaginois aux Romains pendant la deuxième guerre punique (218 avant J.-C. à 201 avant J.-C.). Ces guerres, au nombre de trois, opposent Rome à Carthage pendant près de cent ans, aux IIIe et IIe siècles avant J.-C. Carthage est alors une cité portuaire majeure située sur la côte de l'actuelle Tunisie, dans ce qui est aujourd'hui la banlieue résidentielle de Tunis. Fondée par les Phéniciens à la fin du IXe siècle avant notre ère, il s'agit d'une cité-État, le modèle politique standard en Méditerranée occidentale. Paradoxalement, ce modèle, emblématique de la Grèce classique à l'époque de la rivalité entre Sparte et Athènes, a disparu à cette date dans la Méditerranée orientale, avec la constitution de l'empire d'Alexandre et son partage en royaumes rivaux. Des grandes cités-États de l'ouest de la Méditerranée, seule Rome constitue pour la cité punique une rivale en termes de puissance, de richesse et de population. La puissance de Carthage est fondée sur la mer. La cité contrôle les Baléares, la Corse, la Sardaigne, une partie de la Sicile conquise sur les cités grecques qui y sont implantées, ainsi que les routes maritimes reliant ces différentes possessions.

À l'inverse, la puissance romaine repose sur son armée terrestre, composée presque exclusivement de citoyens romains et alliés. Les armées carthaginoises sont au contraire formées de mercenaires. À Rome, les plébéiens, les classes populaires, servent habituellement comme fantassins dans les légions, alors que la classe supérieure des patriciens fournit le corps des officiers et la cavalerie, selon un clivage de toutes les époques et de tous les lieux.

Un empire centré sur la mer

L'affrontement entre les deux cités est la résultante de leurs expansionnismes impérialistes qui entrent en opposition. Lorsque la République romaine prend le contrôle de toute la péninsule italienne au sud du Pô, débute la première guerre punique. Dès lors, les Romains commencent à développer leur flotte, qui transformera peu à peu la Méditerranée en un lac romain, le *Mare nostrum*. L'Empire romain, qui se constituera lors des siècles suivants, est un empire centré sur la mer Méditerranée. Cette dimension maritime est paradoxale vis-à-vis de certaines représentations largement partagées, selon lesquelles Rome, c'est d'abord la puissance des légions et le réseau de voies romaines qui traversent l'Europe.

À l'issue de la première guerre punique (264 avant J.-C. à 241 avant J.-C.), Carthage doit abandonner la Sicile à Rome. Mais un général carthaginois, Hamilcar Barca, étend son pouvoir dans la péninsule ibérique où il établit sa famille, notamment ses fils Hasdrubal et Hannibal. Selon la légende romaine, il leur inculque la haine de Rome, et lorsque Hannibal est élu par les troupes pour commander les forces carthaginoises, il lance une attaque sur Sagonte, un territoire ibérique sous influence romaine. C'est le début de la deuxième guerre punique, en 219 avant J.-C.

Avant la bataille, opérations stratégiques : la maîtrise de l'approche indirecte

Hannibal se lance alors dans un pari risqué, témoignant de sa maîtrise de l'approche indirecte. Au lieu de tenter de reconquérir la Sicile, située entre les deux cités rivales, comme les Romains peuvent s'y attendre, il mène son armée depuis la péninsule ibérique à travers les Pyrénées, franchit le Rhône puis les Alpes pour envahir l'Italie et frapper les Romains au cœur de la péninsule, mais après un bien long détour. C'est l'exemple type de la stratégie indirecte, telle que la décrit et la célèbre Basil H. Liddell Hart, officier, stratège et historien militaire britannique[1]. La stratégie d'Hannibal est de soulever les peuples italiques du nord de la péninsule, sujets de Rome sur lesquels la domination romaine est encore récente. Il considère que la puissance de Rome repose largement sur son réseau d'alliances et d'hommages. De fait, les armées romaines sont formées pour moitié de citoyens romains et pour l'autre moitié d'alliés. Hannibal souhaite donc rallier à la cause carthaginoise les cités nouvellement conquises, en fomentant des rébellions qui lui permettront de vaincre Rome, estimant à juste titre que Carthage ne peut remporter seule la victoire. L'armée d'Hannibal, qui comporte des contingents numides et celtibères, traverse les Alpes et arrive dans le nord de l'Italie, ralliant les tribus

1. Basil Henry Liddell Hart, *Stratégie,* Perrin, traduction Lucien Poirier, Paris, 1998, p. 101.

DÉBUT DE LA 2e GUERRE PUNIQUE 218 AV. J.-C.

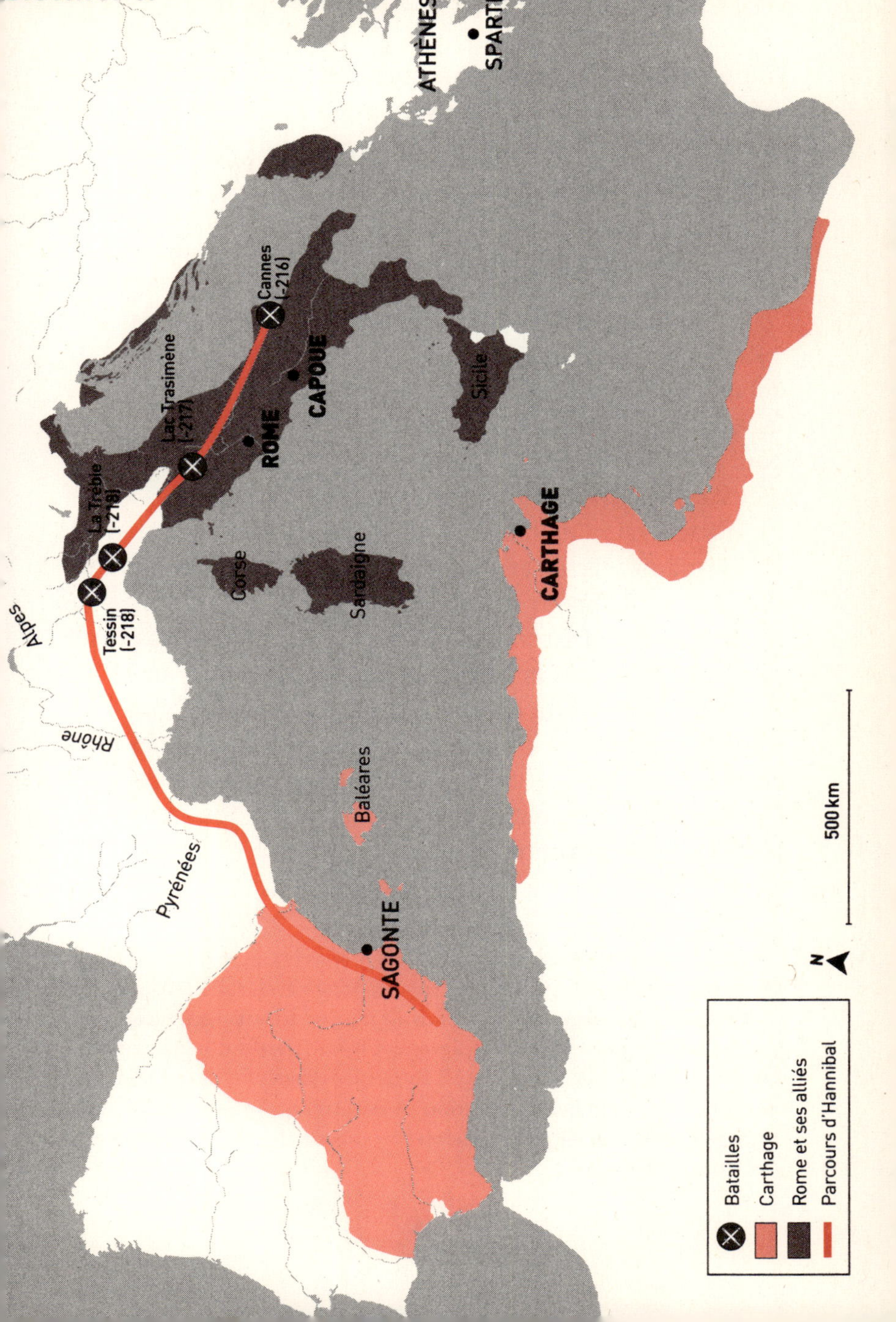

celtes[1]. Hannibal remporte alors victoire sur victoire au Tessin et à la Trébie en 218 avant J.-C., au lac Trasimène en 217 avant J.-C. Elles contribuent à construire la légende du général invincible.

« Un courage digne de Rome »

Cependant, malgré ces victoires indiscutables, les cités italiennes restent fidèles à Rome. Les Romains, après chaque défaite, réussissent de façon inexorable à lever de nouvelles légions. Mais dès lors, ils recourent à une stratégie d'usure pour entraver le ravitaillement de l'armée carthaginoise, tout en évitant l'affrontement direct qu'ils redoutent, à cause de la succession de défaites des deux années précédentes. En Hispanie, ils interrompent les lignes de communication d'Hannibal pour lui interdire tout renfort terrestre. Le théoricien de cette stratégie d'usure qui commence à porter ses fruits est Quintus Fabius Maximus. En 216 avant J.-C., Hannibal, à court de ravitaillement, marche sur Cannes en Apulie, aujourd'hui *Canne della Battaglia*, et s'empare des entrepôts de l'armée romaine. Ce coup de main procure l'avantage supplémentaire de provoquer les Romains pour les pousser à l'affrontement.

---

1. Oublions nos représentations selon lesquelles la Gaule correspond aux frontières de la France actuelle, en rappelant que les Gaulois ou les Celtes sont présents dans le nord de la péninsule italienne. Cette région constitue ce que les Romains nomment la Gaule cisalpine (c'est-à-dire de ce côté-ci des Alpes du point de vue romain). La Gaule transalpine correspond aux terres gauloises situées de l'autre côté des Alpes, sur le territoire de la France actuelle. Mais les cités gauloises sont présentes à l'ouest comme à l'est de la chaîne alpine.

Le sénat romain estime alors que la stratégie fabienne est indigne de Rome, et décide d'écraser Hannibal « avec un courage digne de Rome », c'est-à-dire dans un affrontement direct. C'est sans doute la première erreur romaine, d'ordre stratégique, qui conduit à l'abandon d'une approche à la fois prudente et efficace, au nom d'un impératif éthique. Des erreurs opérationnelles et tactiques vont suivre, qui mèneront au désastre.

Un double commandement

La force levée pour arrêter Hannibal est sans précédent dans l'histoire romaine : 16 légions sont réunies, l'effectif standard de chacune d'elle étant porté de 4 000 à 5 000 fantassins et de 200 à 300 cavaliers. Ce sont donc plus de 80 000 fantassins et 6 000 cavaliers qui sont levés. En temps normal, Rome mobilise quatre légions par an, soit 16 000 hommes, réparties sur plusieurs théâtres d'opérations. À l'apogée de l'Empire, quatre siècles plus tard, la taille totale de l'armée romaine sera de 25 légions, dispersées de la Bretagne (la Grande-Bretagne actuelle) jusqu'à la Mésopotamie, en passant par les rives nord et sud du bassin méditerranéen. À Cannes, il s'agit donc, selon les critères romains, d'une armée absolument gigantesque, comme le sera la Grande Armée levée par l'Empire napoléonien en 1804. Par comparaison, l'armée française à Waterloo en 1815 compte 74 000 fantassins et 12 600 cavaliers. Rome estime que la taille inouïe de cette armée justifie un double commandement. Elle est donc dirigée par les deux consuls, Paul Émile (Lucius Æmilius Paulus) et Varron (Gaius Terentius Varro), qui, en temps ordinaire, auraient chacun commandé une armée plus petite. Paul Émile est membre de la *gens Æmilia*, une des familles patriciennes les plus illustres de l'histoire romaine. Varron est issu de la plèbe, comme c'est la règle, le pouvoir romain reposant sur l'équilibre entre l'aristocratie (le patriciat) et le peuple. Les deux consuls commandent à tour de rôle, un jour sur deux.

Varron, le consul plébéien survivant

Gaius Terentius Varro est issu de la plèbe, c'est-à-dire du peuple, le *populus* de la formule *Senatus Populus Que Romanus* (*SPQR*), qui marque la collaboration du sénat, émanation de l'aristocratie, avec le peuple pour créer l'identité politique romaine. Depuis 367 avant J.-C., les deux consuls en exercice doivent être l'un plébéien, l'autre patricien. Varron est préteur en 217 avant J.-C. et consul en 216 avant J.-C. Il est un des plus farouches opposants à la stratégie de Quintus Fabius Maximus visant à éviter l'affrontement direct avec Hannibal, et obtient logiquement le commandement de l'armée qui lui est opposée, après avoir réussi à gagner le sénat à sa cause. Une tâche d'autant plus facile que les armées carthaginoises ravagent les propriétés des riches sénateurs réfugiés à Rome. Polybe le présente comme vantard, vaniteux et téméraire, et un siècle et demi plus tard, Tite-Live reprend cette analyse. En charge du commandement de l'armée le jour de la bataille de Cannes, il est à la tête de la cavalerie située sur l'aile gauche romaine. Pris en étau entre la cavalerie gauloise qui a contourné les légions et la cavalerie numide qui lui fait face, il est logiquement étrillé, ses homologues étant largement supérieurs en qualité et en nombre à la cavalerie romaine. Varron parvient à s'enfuir. Aux yeux de la postérité, il est rendu responsable du désastre, mais pour éviter toute division au sein de la cité en péril, le sénat et les magistrats lui font bon accueil à son retour à Rome. Au début de 208 avant J.-C., il va tenir garnison, en tant que propréteur, avec une légion, à Arretium, actuelle Arezzo, en Étrurie, ce qui semble constituer une régression dans le *cursus honorum*, même si, à cette époque, les consuls ne peuvent pas prétendre être élus immédiatement une seconde fois. Il n'est pas non plus question qu'il soit devenu censeur, hiérarchiquement au-dessus des consuls, une magistrature originellement réservée aux patriciens, mais ouverte à cette époque à tous les consuls.

En face, l'armée d'Hannibal se compose de 40 000 soldats d'infanterie et 10 000 cavaliers. La quarantaine d'éléphants de guerre avec lesquels elle est partie d'Hispanie sont, à cette date, tous morts. Ils n'ont pas survécu à la succession d'épreuves des deux dernières années : passage des Alpes enneigées, batailles, traversée de régions marécageuses pendant plusieurs jours. Les troupes carthaginoises, à la différence de l'armée romaine, forment un groupe hétérogène. Fantassins celtes et gaulois venus de la péninsule ibérique ou des Alpes, Lusitaniens, troupes légères et frondeurs venus des Baléares, infanterie lourde libyenne équipée d'armures et de casques romains récupérés lors des précédentes victoires carthaginoises. La cavalerie est composée de contingents ibériques et gaulois d'une part, que l'on qualifierait à l'époque moderne de cavalerie lourde, et de la redoutable cavalerie numide, plus légère, d'autre part.

Déroulement de la bataille : les mâchoires se referment

Trois jours durant, les armées se font face sur la plaine, rentrant le soir dans leur camp entouré de palissades, ce qui est une pratique assez courante. Les escarmouches entre les deux armées se multiplient, sous un soleil brûlant, le long de l'Aufidus, un petit fleuve côtier se jetant dans l'Adriatique, aujourd'hui appelé l'Ofanto. Selon Polybe, historien grec né huit ans après la bataille et qui écrit ses *Histoires* quelques décennies après, et Tite-Live, historien latin actif près de deux siècles après les événements, Paul Émile conseille de ne pas se battre en plaine, pour ne pas laisser la cavalerie carthaginoise, supérieure à son homologue romaine, se déployer. Mais Polybe est lié à la famille patricienne des *Cornelii*, celle des Scipion, traditionnellement alliée à la famille des *Æmilii*, et l'on peut penser qu'il souhaite donner à Paul Émile le beau rôle.

Le quatrième jour, alors que c'est à son tour de commander l'armée, Varron décide de déclencher la bataille, certain que sa supériorité numérique lui donnera la victoire. Il fait traverser l'Aufidus à l'armée, qui prend position entre le fleuve et une petite colline. Erreur magistrale, car coincée entre ces deux obstacles naturels, les Romains ne pourront pas exploiter tout le potentiel que devrait leur procurer leur supériorité numérique. Au lieu de déployer un large front leur permettant d'encercler l'adversaire, les Romains se retrouvent avec une ligne de bataille étroite, le gros de l'armée massé derrière. En cherchant à interdire à Hannibal le combat sur un terrain largement dégagé, les généraux romains réussissent à annuler leur supériorité numérique. Et si c'est Varron qui prend la décision, elle correspond en fait aux prétendus sages conseils de Paul Émile. Les deux consuls partagent en réalité la décision. Le plan romain est mal pensé. Il est évidemment absurde de masser une armée dont l'avantage tient à sa supériorité numérique sur un terrain étroit.

Paul Émile, le consul patricien tué

Marcus Æmilius Paullus, dit Paul Émile, appartient à la famille patricienne des Æmilia, et à ce titre digne représentant de l'élite politique et militaire romaine : son père, consul en 255 avant J.-C., a pris part à la première guerre punique, son fils Lucius Æmilius Paullus Macedonicus, dit Paul-Émile le Macédonien, détruira le royaume de Macédoine, sa fille Æmilia Tertia épousera Scipion l'Africain qui battra finalement Hannibal à la bataille de Zama, sur le sol africain. Il est consul une première fois en 219 avant J.-C. et triomphe pendant la deuxième guerre illyrienne. Il est envoyé en tant que légat en ambassade à Carthage en 218 avant J.-C., et l'échec de cette mission conduit au déclenchement de la deuxième guerre punique. De nouveau consul en 216 avant J.-C. avec Varron, il est comme lui partisan de la reprise de l'offensive contre Hannibal et de l'abandon de la politique de temporisation fabienne. À la tête de la cavalerie située sur l'aile droite, il est tué lors de la bataille.

Sur trois lignes

Le dispositif romain est classique, voire immuable : l'infanterie au centre et la cavalerie sur les côtés. La première ligne d'infanterie légère est constituée par les vélites, issus des classes pauvres n'ayant pas les moyens de se payer un équipement coûteux. Déployés en tirailleurs en avant de l'armée, ils ont pour rôle de harceler les lignes adverses avec des armes de jet : frondes, arcs ou javelots. Ils se retirent derrière l'infanterie lourde juste avant le corps à corps, et n'interviennent que dans le dernier temps de la bataille pour massacrer l'ennemi en fuite et achever les blessés.

Derrière cette ligne de tirailleurs, l'armée est déployée sur trois lignes : d'abord les *hastati*, armés du pilum lancé comme un javelot avant le choc, et du glaive, pouvant frapper d'estoc et de taille, c'est-à-dire avec la pointe ou le tranchant de cette arme redoutable. C'est la *hasta*, une lourde lance tenue à deux mains, qui a donné son nom aux *hastati*, mais ils n'en sont plus équipés lors des guerres puniques. Ils sont suivis des *principes*, citoyens plus âgés qui forment la deuxième ligne, comme leur nom ne l'indique pas. Aux origines de Rome, ils formaient la première ligne, d'où leur nom dérivant du latin *princeps*, premier. Ils sont équipés de manière semblable aux *hastati* : pilum, gladius et scutum, le grand bouclier convexe. Ils portent souvent une cotte de mailles, plus protectrice mais aussi plus lourde que le pectoral porté par les *hastati*.

La troisième ligne est formée par les *triarii*, ou triaires, qui portent cette fois bien leur nom. Ce sont des vétérans, disposant d'un armement plus lourd que les *hastati* et les *principes*. Plus vieux, plus expérimentés, plus riches, donc mieux équipés, ils forment une infanterie lourde qui n'intervient que si les deux premiers rangs n'ont pas réussi à imposer la décision. Le plus souvent, ils restent en arrière, agenouillés derrière leur bouclier, et leur présence, rassurante ou dissuasive, pousse les premières lignes à tenir leurs formations. Ils ne sont pas équipés du pilum mais de la *hasta*, tenue à la manière hoplitique pour le combat en phalange, et sont donc capables de résister à des charges de cavalerie. Les triaires sont un peu l'équivalent de la garde impériale napoléonienne, qui n'intervient qu'en dernier recours. L'armée romaine est déployée, Paul Émile commande la cavalerie de l'aile droite, Varron celle de gauche.

Une manœuvre périlleuse

En face d'eux, Hannibal a aligné ses troupes d'une manière inattendue qui va se révéler particulièrement efficace. Il place au centre l'infanterie gauloise et ibérique, moins puissante, dont il prend le commandement direct. L'infanterie lourde libyenne est déployée sur les côtés. Au bord de la rivière, sur la gauche carthaginoise, la cavalerie lourde ibérique et gauloise est sous les ordres de son frère Hasdrubal. À l'aile droite, la cavalerie numide est commandée par son chef Maharbal, sur les flancs de la colline, face à Varron.

La bataille débute. Hannibal fait avancer sa ligne centrale vers les Romains. Les Gaulois se battent torse nu, selon leur coutume. Polybe dit qu'ils étaient nus. Très vite, Gaulois et Ibères sont repoussés par les *Hastati* romains qui poussent leur avantage. Sur les flancs, la cavalerie gauloise de l'aile gauche carthaginoise écrase la cavalerie romaine de Paul Émile. Hannibal commande alors au plus près de l'infanterie gauloise centrale, car c'est la phase la plus périlleuse de la manœuvre : il veut céder pas à pas du terrain devant la poussée romaine, sans que l'armée cède à la panique.

Le moment clé dans l'art antique de la guerre est celui où, imperceptiblement, la ligne de front commence à fléchir. Les premiers à s'enfuir sont ceux qui ont le plus de chances de survivre ; les plus disciplinés, qui essaient de tenir malgré tout, sont ceux qui abandonnent leur poste lorsqu'il sera trop tard, lorsque la déroute et la fuite éperdue qui s'ensuivent seront inévitables. Être pris dans une déroute est le pire sort, car c'est au moment de la fuite que les pertes sont les plus importantes. Le « sauve-qui-peut » est souvent le début du véritable carnage. Incapables d'offrir une défense collective, les troupes qui se débandent jettent leur bouclier pour pouvoir courir plus vite, et tournent en général le dos à la lance qui les transperce.

Étouffés et écrasés

La présence d'Hannibal au milieu de ses hommes est ici cruciale pour éviter l'effondrement, et sa vraie qualité est d'instiller assez de discipline dans ses troupes hétérogènes pour maintenir une retraite ordonnée. On estime souvent à 5 000 le nombre de guerriers gaulois et ibères qui périssent à ce moment de la bataille[1]. Blessés, tombés à terre, ils sont piétinés et achevés par le rouleau compresseur romain qui avance inexorablement. La ligne carthaginoise, convexe à l'origine, plie mais ne rompt pas, se déforme, s'incurve et prend une apparence de plus en plus concave en forme de fer à cheval. La poussée romaine s'accentue ; l'armée, comme un fleuve impétueux, s'engouffre vers la ligne de plus faible résistance. L'infanterie lourde libyenne maintient ses positions sur les flancs, se gardant pour l'instant d'intervenir, et contrôle les bords de la nasse en train de se former.

Sur la droite romaine, la cavalerie d'Hasdrubal, ayant dispersé la cavalerie adverse près de la rivière, poursuit alors son mouvement, tourne les lignes arrière romaines, évite d'affronter les redoutables triaires, et attaque par l'arrière la cavalerie de Varron qui fait face à la cavalerie numide de

1. Victor Davis Hanson, *Carnage et culture, les grandes batailles qui ont fait l'Occident*, traduit de l'anglais par Pierre-Emmanuel Dauzat, Paris, Flammarion, 2001, p. 132.

Maharbal. La cavalerie de l'aile gauche romaine est rapidement battue ; Varron s'enfuit, pourchassé par Maharbal. Les mâchoires du piège carthaginois sont refermées. Alors que l'armée romaine est totalement encerclée, sa supériorité numérique ne compte pas, des dizaines de milliers de légionnaires sont pris au centre de l'armée, sans possibilité de bouger, et meurent sans doute étouffés, écrasés par les mouvements de foule et de panique. La bataille vire alors au carnage. Les Romains situés sur les ailes, au contact de l'infanterie libyenne, combattent courageusement, mais leur nombre même est un désavantage face à une phalange soudée qui les presse en poussant sur leurs boucliers tout en frappant à coups de lance. Les Carthaginois tuent à tour de bras, se contentant parfois de couper les tendons des jambes des légionnaires blessés pour les empêcher de fuir, afin de pouvoir les achever plus tard. C'est souvent le rôle dévolu aux vélites.

Au soir de la bataille, 50 000 Romains gisent sur le champ de bataille. Consul ou humbles citoyens, tribuns, centurions, légionnaires, tous sont couchés sur la terre humide de sang. La gigantesque armée romaine est détruite. La défaite est absolue. Elle résulte de la combinaison d'un choix stratégique erroné, l'abandon de la stratégie d'usure de Fabius Maximus, et d'erreurs tactiques, le déclenchement d'une bataille sur un terrain trop étroit pour une armée hypertrophiée, un raisonnement fallacieux dictant ce choix.

BATAILLE DE CANNES

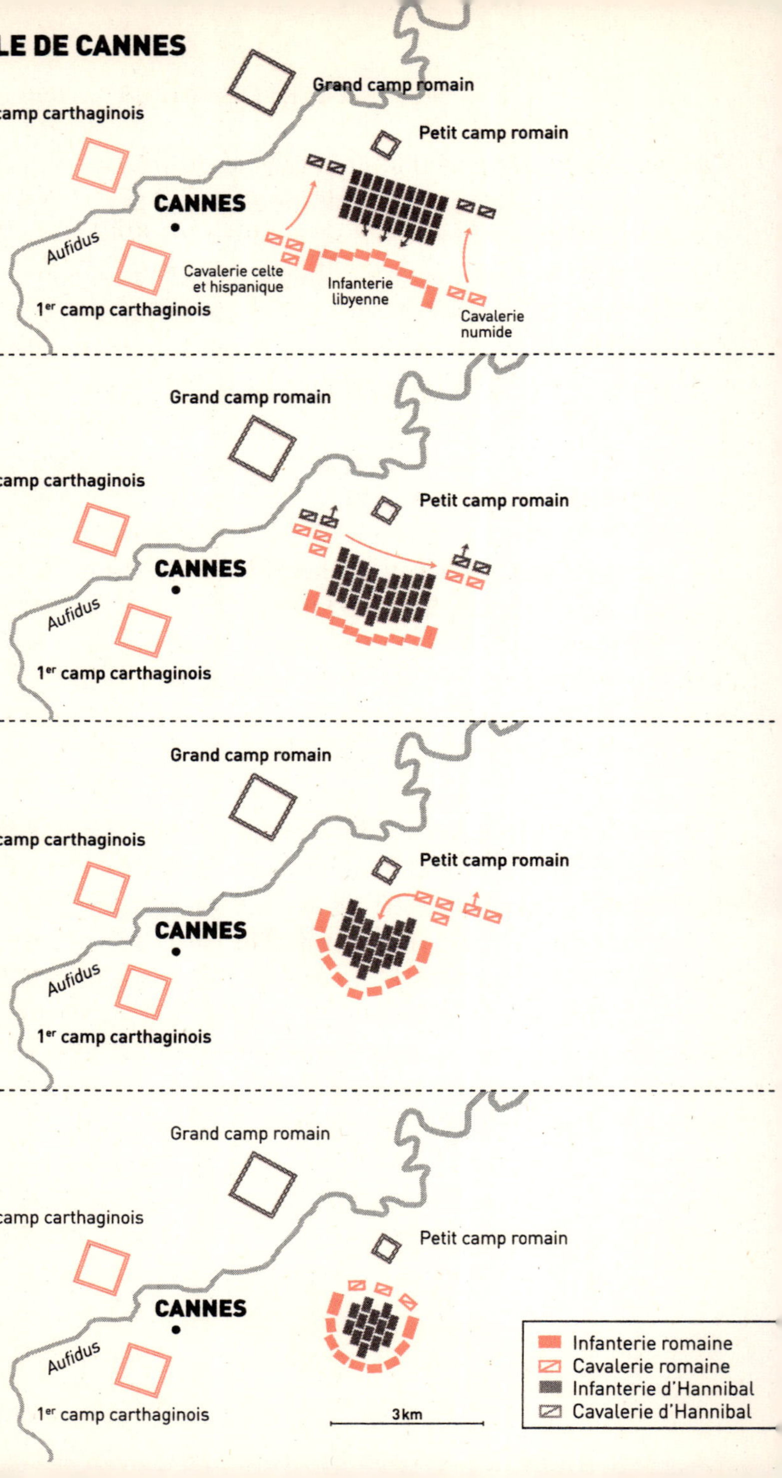

Conséquences : les délices de Capoue

Et pourtant... Jamais, à travers l'histoire militaire, une défaite, ou une victoire d'une telle ampleur – la défaite de l'un étant toujours la victoire de l'autre –, n'a eu si peu d'effets sur le long terme. Selon Tite-Live et Polybe, l'entourage d'Hannibal le pousse à marcher sur Rome. Un an auparavant, après sa victoire du lac Trasimène, il avait également hésité. Il est vrai que le siège d'une ville de la taille de Rome demande une armée importante, des compétences en poliorcétique et des machines de siège. Il estime surtout que l'armée doit se reposer et reste fidèle à sa stratégie, espérant toujours la défection des alliés italiques de Rome. Au contraire, Maharbal, le chef de la cavalerie numide, lui enjoint de pousser son avantage, lui promettant que dans cinq jours, il peut souper à Rome. Hannibal préfère temporiser. « Tu sais vaincre, Hannibal, mais tu ne sais pas profiter de ta victoire », fait dire Tite-Live à Maharbal.

L'armée prend ses quartiers d'hiver à Capoue, une ville où le parti favorable à Carthage a pris le pouvoir. Depuis Tite-Live, toute une tradition d'historiens militaires juge que son plus grand tort est alors de se perdre dans les « délices de Capoue ». L'expression est devenue proverbiale pour désigner une vie facile et sans contrainte conduisant celui qui s'y adonne à l'amollissement. En réalité, l'armée punique affaiblie qui manquait de matériel de siège n'était sans doute pas en mesure de prendre Rome. Hannibal attend des renforts d'Afrique que le sénat de Carthage sursoit à lui envoyer, craignant sa montée en puissance. Il attend la défection des alliés de Rome. Elle ne vient pas, les Romains se réorganisent. Invaincu militairement, Hannibal reste cantonné dans le Sud de l'Italie.

Lorsque Publius Cornelius Scipio débarque sur le sol africain, portant le combat aux portes de Carthage, Hannibal est appelé au secours, mais les Romains réussissent à retourner ses alliés numides. L'affrontement tourne à l'avantage de Scipion, surnommé dès lors « l'Africain ». Il bat Hannibal à la bataille de Zama. La défaite de Carthage marque la fin de la deuxième guerre punique. Malgré cette victoire finale, Cannes a profondément marqué l'imaginaire romain. Poussés par la crainte d'avoir à affronter de nouveau les Carthaginois, les Romains en viennent à envisager la destruction totale de la cité punique. Poussé par Caton l'Ancien, qui clôt tous ses discours par le fameux *Delenda est Carthago*[1], le sénat romain lance la troisième guerre punique, qui aboutit à la destruction totale de la ville rivale en 146 avant J.-C.

Un cas d'école : Cannes et le Kessel allemand

La bataille a inspiré pendant des siècles stratèges et généraux. Elle est aujourd'hui encore étudiée dans les écoles militaires, mais c'est sans doute l'école de guerre prussienne, puis allemande à partir de 1870, qui voit dans la réussite d'une manœuvre d'encerclement puis d'anéantissement de l'ennemi le *nec plus ultra* de l'art opératif, à travers la tactique du *Kessel*, ou chaudron. Plusieurs historiens ont fait le lien entre la bataille de Cannes et le plan Schlieffen, qui organise l'invasion de la France et de la Belgique en 1914, à une échelle beaucoup plus large naturellement. En réalité, ce plan ne réalise qu'un simple enveloppement, et non un enveloppement double comme à Cannes. En revanche, l'influence du modèle de Cannes est très visible dans les batailles d'encerclement et d'anéantissement de Tannenberg en 1914. La bataille de Cannes est systématiquement étudiée

1. Il faut détruire Carthage.

comme le modèle à imiter à une échelle beaucoup plus large, les moyens aériens et mécanisés, notamment la cavalerie blindée et les Panzer, permettant l'encerclement sur des espaces de plusieurs centaines de kilomètres. Jean Lopez a montré comment, sur le front de l'Est en 1941, le commandement allemand va obtenir des succès prodigieux grâce à des encerclements géants, la destruction des forces soviétiques et la capture de millions de prisonniers dans des *Kessel* gigantesques comme celui de Kiev, pour ouvrir la route de Moscou[1]. Mais les stratèges allemands perdent de vue que même le succès éblouissant d'Hannibal à Cannes n'a pas empêché l'échec final de sa campagne.

Cinéma et *pop culture*

À la différence de la bataille des Thermopyles (*300* réalisé par Zack Snyder en 2007), ou de Gaugamèles (*Alexandre* réalisé par Oliver Stone en 2005), Cannes n'a jamais été représentée au cinéma dans des films autres que des péplums sans intérêt majeur. Pour s'approcher de l'essence de la bataille, peut-être faut-il aller chercher du côté de la *fantasy* et de la série télévisée *Game of Thrones*, précisément dans « La bataille des bâtards », neuvième épisode de la sixième saison. Elle permet de comprendre ce que signifie pour une troupe de combattants d'être encerclés et écrasés au point de ne pouvoir bouger ni combattre ou fuir, et de périr frappés d'un coup de lance que l'on ne peut parer, ou encore de mourir asphyxié, ce qui manque d'arriver à Jon Snow[2].

---

1. Lopez, Jean & Otkhmezuri Lasha, *Barbarossa : 1941 – La guerre absolue*, Passés Composés, 2019. Jean Lopez reprend ici des idées qu'il avait déjà développées, voir bibliographie en fin de volume.
2. Réalisation : Miguel Sapochnik. Scénario, David Benioff et D. B. Weiss. Production : HBO, 2016.

Azincourt
(France, 1415)

Obéir aux lois de l'honneur, ou comment retomber sans fin dans le même piège

À Azincourt, l'armée du roi de France subit une défaite de grande ampleur pendant la guerre de Cent Ans. Cette hécatombe de la chevalerie française face à l'infanterie anglaise est d'autant plus remarquable qu'elle fait suite aux défaites de Crécy et de Poitiers, survenues dans des formes semblables et pour des raisons comparables. Comme si les Français étaient incapables d'apprendre les leçons de l'histoire. Pourquoi ?

La célébrité de la bataille d'Azincourt, dont les conséquences ont certes été significatives à court terme, doit beaucoup à la façon dont William Shakespeare l'a magnifiée dans sa pièce *Henry V*. Appartenant à l'ensemble de ses 11 pièces historiques, elle dépeint les Anglais comme une troupe affamée et épuisée que les Français, prétendument cinq fois plus nombreux et reposés, ont la certitude de tailler en pièces. Le discours que tient le roi juste avant la bataille qui se déroule le jour de la Saint-Crépin, le *Saint Crispin's Day Speech*, est une des tirades les plus connues du théâtre anglais. La pièce a tant imprégné la culture populaire britannique qu'il est parfois difficile de faire le départ entre faits historiques et récit shakespearien dans l'ordre de nos représentations. N'oublions pas cependant que la pièce a été écrite vers 1599, soit 185 années après la bataille. Toutefois, même si le déséquilibre des forces n'était peut-être pas aussi spectaculaire que Shakespeare le prétend, héritier en cela d'une tradition historiographique pilotée dès l'origine par les souverains anglais, la défaite française s'explique par une suite d'erreurs d'appréciation et de choix tactiques erronés. Et par l'attachement à un ethos militaire dépassé.

Situation géopolitique générale : une accalmie dans la guerre de Cent Ans

En 1415, une paix relative dure depuis une vingtaine d'années entre la France et l'Angleterre. Depuis 1328, les deux royaumes sont en lutte pour des raisons dynastiques, dans cette suite de conflits d'intensité variable qu'on appelle, depuis le XIXe siècle seulement, la guerre de Cent Ans. Après les succès anglais des premières années, la France a repris l'ascendant à partir de 1364, réduisant les possessions anglaises à quelques villes et leur arrière-pays (Bordeaux, Calais).

Les deux royaumes plongent alors dans une période de guerres civiles, marquée par l'affaiblissement du pouvoir royal et un contexte économique difficile : le conflit avec le royaume rival passe alors au second plan. L'Angleterre sort la première de cette situation. Le roi d'Angleterre, Henry V de Lancastre, qui règne depuis 1413, revendique ses droits sur les territoires conquis puis perdus au fil du conflit, ainsi que sur le duché de Normandie, berceau de la couronne anglaise, conquis en 1204 par Philippe Auguste, qui l'avait alors intégré au domaine royal français.

Avant la bataille, opérations stratégiques : une chevauchée en terres françaises

Les forces anglaises se rassemblent à partir du mois d'avril 1415, pendant que le roi d'Angleterre poursuit des négociations destinées à donner le change. L'armée anglaise embarque le 11 août à Portsmouth. 1 500 navires transportent 8 000 archers, 2 000 cavaliers, un matériel important et de nombreux chevaux de guerre et bêtes de somme. Le lieu de débarquement est situé près de Harfleur, site stratégique à l'embouchure de la Seine : depuis Portsmouth, c'est la route maritime la plus courte. La cité doit servir de base à la campagne. Après presque un mois de siège pendant lequel les bombardes anglaises battent les remparts, la cité se rend le 22 septembre, sans avoir été secourue par le roi de France, et après des combats sanglants, dus aux nombreuses sorties françaises occasionnant des pertes importantes dans les rangs anglais. Cependant, l'automne approche, une épidémie de dysenterie affaiblit les troupes anglaises, et Henry V abandonne l'espoir de prendre Paris avant l'hiver.

Pour l'honneur, et dans le style des chevauchées médiévales, il lui faut cependant traverser certaines des terres qu'il revendique. Il décide de partir pour Calais le 8 octobre. Entretemps, l'armée française s'est rassemblée à Rouen et se lance à sa poursuite. Les Anglais échappent à coups de marches forcées à leurs poursuivants ; Calais apparaît comme la porte du salut. Pourtant, le 24 octobre, les éclaireurs anglais annoncent que l'ennemi est devant, interposé entre l'armée d'Henry V et la route vers Calais, et déployé en ordre de bataille, près des villages d'Azincourt et de Tramecourt, sur un étroit plateau.

LA GUERRE DE CENT ANS. SITUATION EN 1418

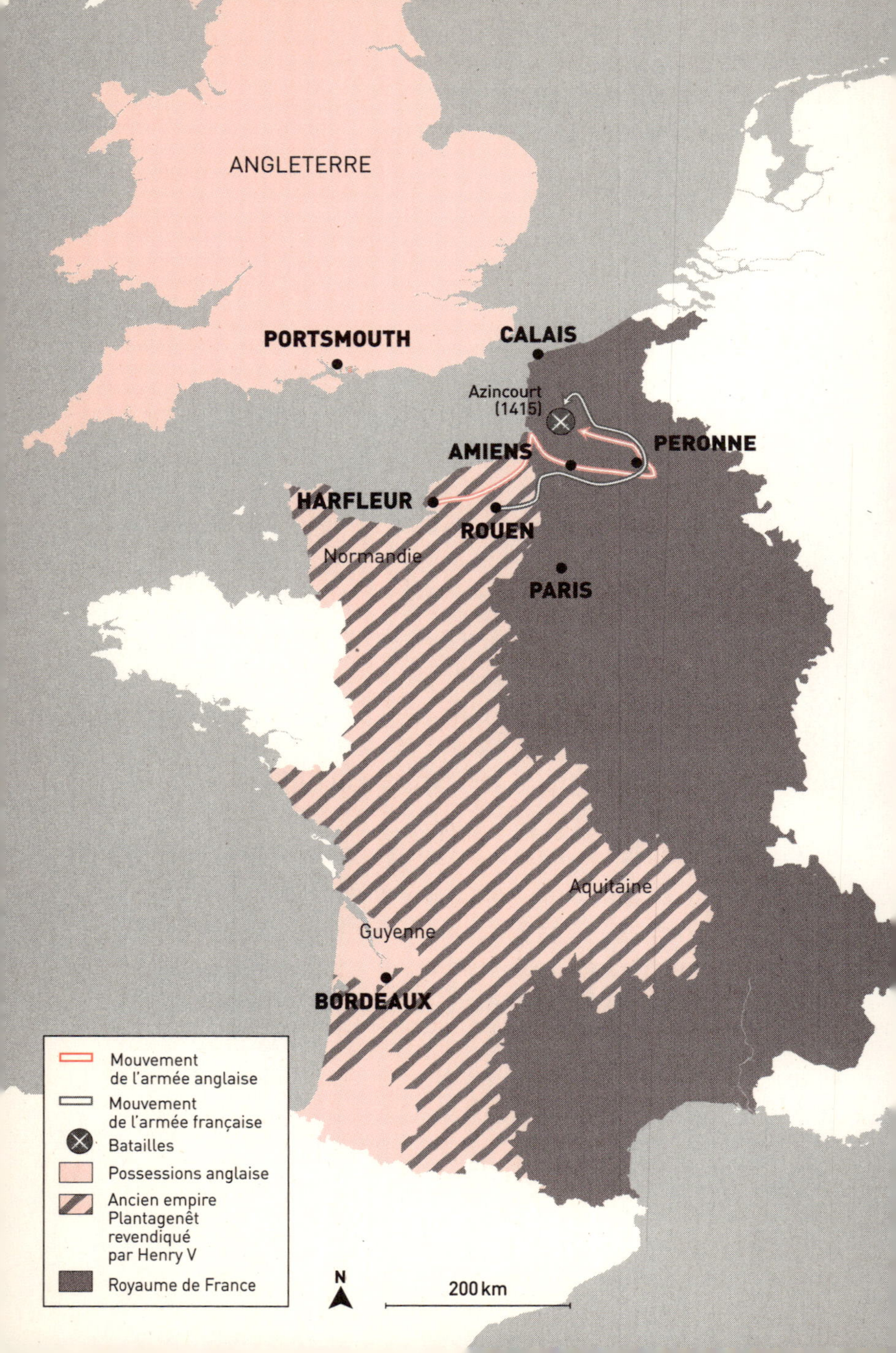

Des chiffres délirants

L'armée anglaise s'abrite de la pluie torrentielle dans le village de Maisoncelles, les Français bivouaquent. Le lendemain, pendant plusieurs heures, les deux armées s'observent. Les Anglais comptent environ 9 000 hommes, dont quelques centaines de chevaliers seulement. Les effectifs de l'armée française sont un peu plus difficiles à évaluer. Les historiens ont souvent retenu le nombre de 20 000 combattants, dont 5 000 chevaliers. Mais ils reprennent en cela les chiffres de la plupart des chroniqueurs anglais, et même français, qui ont souvent cité des chiffres délirants. De la même façon, Shakespeare exagère le rapport de force entre les armées anglaise et française. Dans la pièce *Henry V*, le comte de Westmorland (Warwick dans certaines versions de la pièce), celui-là même à qui le roi s'adresse au début du fameux discours de la *Saint-Crispin*, s'inquiète : « Ils ont au moins 60 000 combattants[1] ». « C'est cinq contre un », précise le duc d'Exeter. Notons d'ailleurs qu'aucun de ces deux personnages n'a participé à la bataille d'Azincourt. En réalité, selon Anne Curry, historienne britannique spécialiste de la guerre de Cent Ans[2], si les Anglais comptaient environ 9 000 hommes, les Français qui leur faisaient face n'étaient sans doute pas plus de 12 000. Le champ de bataille est étroit, entouré par des bois, et l'on sait que la supériorité numérique n'en est plus vraiment une, si les manœuvres de débordement sont impossibles du fait de la configuration du terrain.

1. *"Of fighting men they have threescore thousand"* (*Henry V*, Act IV, sc. 3). *A score* correspond à 20 unités et *threescore* est synonyme de 60. *Threescore thousand* signifie donc 60 000.
2. Curry, Anne, *Agincourt, a New History*, the History Press Limited, 2006.

Les chevauchées médiévales, une spécialité anglaise

Bien loin de la notion contemporaine de ligne de front, les chevauchées sont de longs raids dévastateurs en territoire ennemi, sur plusieurs centaines de kilomètres. Il s'agit le plus souvent de piller et brûler les villages, en évitant les places fortifiées et l'armée adverse.

Pendant la guerre de Cent Ans, les souverains anglais y ont souvent recours, dans le but de ruiner les riches territoires qui fournissent au roi de France les moyens financiers et humains qui sont la base de sa puissance militaire. La chevauchée est aussi le moyen d'acquérir la gloire à peu de frais et de récupérer un butin appréciable. La stratégie qu'y opposent les Français est complémentaire : c'est celle de la terre déserte. Cette stratégie consiste à faire le vide devant l'adversaire. Hommes et biens se réfugient dans des villes fortifiées ou des châteaux, laissant aux Anglais la possibilité de ravager un pays vide et augmentant ainsi le ressentiment à l'égard de ces derniers. Elle est moins extrême que la stratégie de la terre brûlée, qui consiste à détruire les ressources du pays afin qu'elles ne tombent pas entre les mains de l'ennemi.

La chevauchée d'Henry V est la dernière grande chevauchée anglaise en terre de France après celles du XIVe siècle, commandées directement par le roi Édouard III (1339, 1346 et 1359) ou par son fils aîné Édouard de Woodstock, dit le Prince Noir (1355, 1356). Trois chevauchées commandées par Jean de Gand, duc de Lancastre, ont lieu en 1356, 1369 et 1373, ainsi qu'une autre par Robert Knolles en 1370. La dernière avant celle de 1415 a lieu en 1380, sous le commandement du duc de Buckingham.

Déroulement de la bataille : sous une pluie de flèches

Au matin du 25 octobre, les adversaires, rangés en bataille, se font face. Il a plu toute la nuit et la terre fraîchement labourée est détrempée : l'espace qui sépare les deux armées est transformé en bourbier. Henry a divisé la sienne en trois groupes de chevaliers en armure, séparés par des archers, également disposés sur les flancs. Les archers, qui sont souvent gallois, sont une des composantes importantes de l'armée anglaise, et lui donnent un avantage concurrentiel décisif. La formation d'un archer nécessite un apprentissage très long, et son maintien en conditions opérationnelles un entraînement régulier, tant l'emploi de l'arc est difficile à maîtriser. D'une longueur comprise entre 170 et 210 centimètres, le *Longbow* est un arc simple, façonné d'une seule pièce dans de l'if, un bois dont les qualités lui donnent le comportement d'un arc composite. À courte distance, moins de 60 mètres, même une armure n'est pas toujours une protection efficace. La cadence de tir est redoutable : jusqu'à 10 flèches par minute. À la différence des arbalétriers génois classiquement employés dans l'armée française, qui tirent de face et ne peuvent envoyer qu'un à quatre carreaux par minute, les archers tirent de profil, augmentant la densité et l'intensité de la ligne de tir. L'archerie anglaise possède une capacité de saturation extraordinaire, et ce sont de véritables pluies de flèches qui noient l'armée adverse, chaque archer disposant de plusieurs dizaines de flèches.

Comprenant la difficulté de se mouvoir dans de lourdes armures sur un terrain boueux, les Français restent prudemment à distance, les chevaliers montés en flanc-garde. Mais

Henry veut forcer les Français à attaquer. En fin de matinée, il fait avancer ses archers à 300 mètres des lignes adverses, où ils plantent leurs pieux de défense en bois, inclinés à 45 degrés, et font pleuvoir une pluie de flèches sur les chevaliers français. Ces derniers ne peuvent pas reculer : d'abord parce que le terrain exigu est encombré et que la masse de l'armée qu'ils ont derrière eux les en empêche, ensuite parce que reculer est absolument contraire à l'éthique chevaleresque qui commande les décisions de l'armée française. La seule solution est donc l'attaque, qui ressemble un peu à une fuite en avant. L'infanterie française suit les cavaliers, mais sur le terrain détrempé, la puissance de la charge est considérablement diminuée, et la deuxième vague est ralentie par les montures et les hommes tombés à terre ou redescendant vers leur camp, après l'échec du premier choc.

Le combat tourne au massacre

Car après le premier fléchissement, la chevalerie et l'infanterie anglaises se reprennent. La supériorité numérique française est ici un désavantage, car les hommes d'armes sont serrés au point de ne pas même pouvoir exploiter un léger recul anglais. Les Anglais fondent sur les chevaliers français dès que ceux-ci sont à terre, incapables de se relever rapidement du fait de la lourdeur de leur armure. Très vite, le combat tourne au massacre. Les Français sont achevés au couteau, au gourdin ou à la hache. Quelques prisonniers sont néanmoins faits, emmenés à l'arrière pour être échangés plus tard contre une rançon. La troisième ligne française qui n'a pas bougé esquisse une charge. Cette configuration n'est pas sans évoquer la bataille de Cannes, lors de laquelle les légionnaires romains sont tellement compressés qu'ils ne peuvent manœuvrer, ni combattre, ni même se défendre efficacement.

Au même moment, une petite troupe de paysans commandés par deux seigneurs locaux, Ysambart d'Azincourt et Robinet de Bournonville, prenant les Anglais à revers, parvient à piller le train des équipages. Shakespeare fait allusion à cet épisode en évoquant le massacre des pages, pour donner aux Français le mauvais rôle et pour justifier l'exécution de prisonniers sur ordre de Henry V. « Tuer les pages et le pagage ! C'est expressément contraire aux lois de la guerre[1] », s'indigne Llewellyn, appelé dans certaines versions Fluellen, un Gallois. « Il est certain que pas un page n'est resté vivant », déplore son camarade Gower. En réalité, rien dans les sources n'indique que de jeunes pages aient été tués à cette occasion. En représailles, ou craignant qu'ils ne soient libérés et qu'ils ne reprennent le combat sur leurs arrières, Henry V ordonne l'exécution des princes français prisonniers. Il est partiellement obéi avec répugnance, moins parce qu'il s'agirait d'un crime de guerre, concept en partie anachronique, ou par humanité, que parce qu'un prisonnier de haut rang représente une rançon très importante. Lorsque, vers le milieu de l'après-midi, la troisième ligne française se retire sans avoir combattu, Henry V a gagné la bataille.

1. Traduction de Marcel Sallé, Les Belles Lettres, Paris, 1961. Le *pagage* au lieu de *bagage* rend compte du *poys* au lieu de *boys* du texte de Shakespeare.

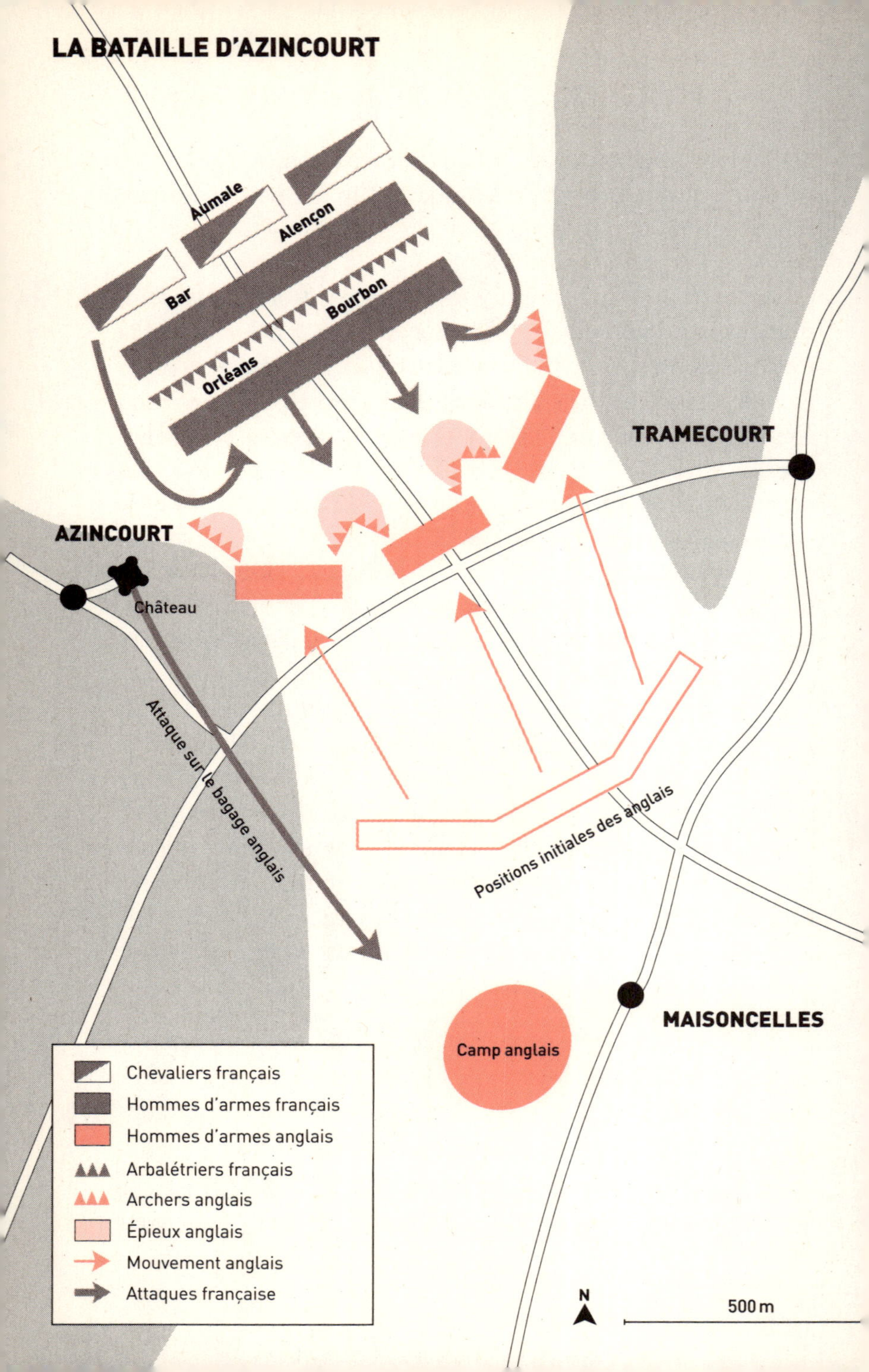
LA BATAILLE D'AZINCOURT
Aumale
Alençon
Bar
Bourbon
Orléans
TRAMECOURT
AZINCOURT
Château
Attaque sur le bagage anglais
Positions initiales des anglais
MAISONCELLES
Camp anglais
Chevaliers français
Hommes d'armes français
Hommes d'armes anglais
Arbalétriers français
Archers anglais
Épieux anglais
Mouvement anglais
Attaques française
N
500 m

À Dieu la gloire

Deux ans après l'événement, la *Gesta Henrici Quinti,* la geste d'Henry V, est rédigée. Cette chronique anonyme a parfois été attribuée à Thomas Elmham, un moine bénédictin auteur de nombreux textes, dont certains sont perdus. L'auteur, aumônier dans l'armée anglaise, semble avoir assisté à la victoire d'Azincourt depuis les lignes arrière et relate précisément ses différents épisodes, mais il s'agit clairement d'un récit de propagande qui donne à la chevauchée une dimension biblique. Henry V y est présenté comme un monarque dévot, soucieux de son honneur et favorisé de la Vierge et de saint Georges en raison de sa piété, et dont le peuple est comparé à un nouvel Israël. La veille de la bataille, le roi ordonne un silence complet dans le camp, afin que chacun puisse prier et se recueillir. Pendant la bataille, les prières des aumôniers et des prêtres ne cessent de soutenir les combattants. Dans la pièce, Shakespeare fait dire au roi d'Angleterre : « Que par toute l'armée on proclame la mort contre quiconque se vantera de cette victoire et retirera à Dieu une gloire qui est à Lui seul. »

De même, Shakespeare surévalue les pertes françaises : selon lui, 10 000 Français gisent morts dans la plaine, dont 8 400 gentilshommes et 1 600 hommes de pieds. En réalité, les pertes françaises s'élèvent environ à 6 000 morts. Les pertes du camp anglais sont aussi considérablement sous-évaluées. Édouard, duc d'York, le comte de Suffolk, Sir Richard Kelly, l'écuyer Davy Gam seraient les seules pertes notables parmi les gentilshommes anglais, et seulement 25 soldats. À des fins de propagande, le nombre de morts anglais à Azincourt est minimisé dans les chroniques anglaises, pour ne pas ternir l'éclat du triomphe, signe de la préférence donnée par Dieu aux Anglais. D'après Anne Curry, on peut les estimer à plusieurs centaines, voire un millier. Il n'en reste pas moins que le bilan est très lourd côté français, notamment dans les rangs de la noblesse, en raison des nombreuses exécutions de prisonniers ordonnées par le roi d'Angleterre.

Armagnacs et Bourguignons

L'auteur de la *Gesta Henrici Quinti*, qui était pourtant présent à l'arrière pendant la bataille, n'en fait pas mention, car ces exécutions massives et sommaires de gentilshommes prisonniers, totalement contraires aux codes de la chevalerie, assombriraient la légende. D'ailleurs, dans son adaptation cinématographique d'Henry V en 1944, Laurence Olivier a préféré occulter totalement ce massacre. Son film est produit en pleine Seconde Guerre mondiale pour gonfler le moral du peuple britannique en lutte contre l'Allemagne nazie, et l'épisode aurait fait tache.

Chez Shakespeare, les Français sont – comme souvent dans la culture anglo-saxonne – dépeints en hâbleurs narcissiques. De manière significative, dans la version originale de *Shrek*, film d'animation en images de synthèse sorti en 2001, Robin des Bois, séducteur invétéré et superficiel, a un très fort accent français. Les personnages du dauphin, du connétable Charles d'Albret, chef de l'armée royale, et du duc Charles d'Orléans rivalisent de vantardise et de préciosité à la veille du combat. « J'ai la meilleure armure du monde ! » prétend le connétable, Orléans montant le meilleur cheval d'Europe.

Celui du dauphin ? C'est « le cheval volant, the Pegasus, chez les narines de feu[1] » (*sic*). « Quand je le monte, je plane, je suis un faucon. Il trotte dans l'air, la terre chante lorsqu'il la touche ; l'infime corne de son sabot est plus harmonieuse que la flûte d'Hermès. » Robert Pattinson, en interprétant le rôle du dauphin dans l'adaptation de Netflix réalisée par David Michôd, force encore le trait. Avec un accent français à couper au couteau, auquel il oublie pour certains mots de recourir, il apparaît d'une grossièreté, d'une arrogance et d'une brutalité insignes. En réalité, le dauphin Louis de Guyenne n'était tout simplement pas présent à Azincourt. Depuis Shakespeare, la tradition lui donne un rôle central, alors qu'il s'agissait d'un jeune homme pieux et effacé à la santé fragile, troisième dauphin sous le règne du roi Charles VI. Il meurt deux mois après la débâcle d'Azincourt, à l'âge de 18 ans. Par ailleurs, Shakespeare passe sous silence le cadre historique qui explique partiellement la défaite : la folie du roi Charles VI, incapable de gouverner son royaume, et la guerre civile entre Armagnacs et Bourguignons, le violent conflit qui divise les seigneurs français en deux factions rivales, duquel les Anglais savent parfaitement jouer.

Conséquences : l'idéal chevaleresque vit encore

Au soir du combat, les Anglais laissent sur le terrain quelques centaines de combattants, et les Français plusieurs milliers de victimes, la fine fleur de la chevalerie française. Henry V a évité la captivité, mais faute de troupes fraîches, il doit rembarquer à Calais le 18 novembre. Surtout, sa

1. En français dans le texte de Shakespeare.

chevauchée qui se voulait triomphale s'est rapidement transformée en fuite. L'importance d'Azincourt se mesure sur le plus long terme.

Le royaume de France y a perdu l'essentiel de son élite politique et militaire : trois ducs, 12 comtes, tous les baillis des pays de langue d'oïl (la France du Nord), ainsi que le connétable. D'autres princes resteront captifs à Londres pendant de longues années. Le manque chronique de grands capitaines et la guerre civile entre Armagnacs et Bourguignons en France permettront à l'Angleterre de prolonger la guerre de Cent Ans jusqu'en 1475. Il aura fallu l'épisode de Jeanne d'Arc, puis la fin du conflit entre Armagnacs et Bourguignons en 1435, pour que la reconquête du royaume de France commence. Pendant plus de quarante ans, reconquêtes partielles, sièges, batailles de moindre ampleur et affrontements innombrables se succèdent.

Du point de vue de l'art militaire, la débâcle de la chevalerie française à Azincourt met également en évidence la conception dépassée que se fait de la guerre une partie de l'aristocratie, alors que les Anglais ont déjà organisé des armées unies et disciplinées, et des tactiques fondées sur la complémentarité des armes. Ce retard conceptuel est d'autant plus remarquable que le désastre d'Azincourt fait suite à ceux de Crécy (1346) et de Poitiers (1356), deux autres batailles majeures où la chevalerie française, certaine de sa supériorité, a éprouvé que l'inefficacité de charges de cavalerie, données dans de mauvaises conditions et face à un adversaire déterminé, menait à la défaite. L'idéal chevaleresque ne permet tout simplement pas à l'aristocratie française de penser différemment. Cet idéal survivra pourtant encore plus d'un siècle, puisque c'est un peu le même scénario qui conduira François Ier au désastre de Pavie, en 1525, pendant les guerres d'Italie.

Le commandement français, tout un poème

Le partage du commandement entre plusieurs chefs, sans que la façon dont les décisions étaient prises soit très claire, est une des faiblesses des grandes armées médiévales françaises.

Le connétable, Charles d'Albret, commande en titre, mais il est secondé par Jean II Le Meingre, surnommé Boucicaut, maréchal de France, qui semblait résolu à ne pas livrer bataille. Il est pris pendant le combat et périt en captivité en Angleterre. L'émiettement du commandement doit aussi beaucoup à la présence dans l'armée de princes de sang royal, notamment Jean Ier, duc d'Alençon, et Charles d'Orléans. Le premier périt dans la bataille, le second passe 25 ans en captivité, pendant lesquels il écrit des ballades et des rondeaux. À son retour en France, il se consacre à la littérature et ouvre un cercle académique où sont organisés des tournois littéraires. François Villon y est passé.

Le connétable, Charles Ier, sire d'Albret, est né en 1368. Il est élevé avec son cousin germain, le futur Charles VI, et se trouve à ses côtés lors de sa première crise de folie dans la forêt du Mans en 1392. En 1403, le roi le fait connétable de France et parrain du futur Charles VII. Il mène plusieurs campagnes contre les positions anglaises en Guyenne entre 1404 et 1407. Pendant la guerre civile entre Armagnacs et Bourguignons, il se range finalement dans le parti Armagnac, et est déchu de son office de connétable à l'instigation des Bourguignons en 1411. Il défend Bourges contre l'armée royale, alliée aux Bourguignons, en 1412. L'année suivante, les Armagnacs reprennent le pouvoir à Paris, et il est rétabli dans ses fonctions de connétable. Il commande donc l'armée française à Azincourt, mais son autorité reste assez théorique dans une troupe féodale.

Il est par ailleurs un des membres fondateurs de la *Cour amoureuse*, une compagnie littéraire placée sous le patronage de Charles VI, qui rassemblait nobles, ecclésiastiques et humanistes, pour célébrer les dames et l'amour courtois sous forme de concours de poésies et de chansons, ce qui n'est pas sans évoquer le système du mandarinat dans la Chine impériale, où les fonctionnaires devaient être lettrés et poètes pour réussir les concours. On peut penser encore à l'univers des samouraïs, guerriers redoutés et bien souvent poètes accomplis.

La bataille au cinéma

Pour Shakespeare, la victoire d'Azincourt célèbre le triomphe d'une armée populaire, humble mais soudée, sur une noblesse française bouffie d'orgueil et de suffisance. Elle symbolise surtout l'unité de la nation anglaise – et même britannique – autour de son roi. Henry V, ancien prince de Galles, répète plusieurs fois dans la pièce qu'il est Gallois, notamment au simple soldat Llewellyn, qui ne connaît pas sa véritable identité. Quitte à prendre quelques libertés avec les faits historiques. Mais ne perdons pas de vue que Shakespeare écrit sa pièce 184 ans après la bataille, et prend lui-même de nombreuses libertés avec l'Histoire. Deux films sont des adaptations de sa pièce : *Henry V* de et avec Laurence Olivier dans le rôle-titre, sorti en 1944, et *Henry V* de et avec Kenneth Branagh, sorti en 1989. *The King*, sorti en 2019, s'en inspire largement.

L'esthétique, le camp, les armures du film de Laurence Olivier sont inspirés des miniatures contemporaines de la bataille. Dans les deux *Henry V*, le discours de la Saint-Crispin, prononcé avant la bataille par le roi Harry sont évidemment des morceaux d'anthologie. Ce sont peut-être les passages les plus connus du théâtre de Shakespeare, après le monologue « *To be or not to be* » de Hamlet. C'est dans ce discours que le vers – car dans les pièces historiques de Shakespeare, les nobles parlent en vers, les roturiers en prose – « *We few, we happy few, we band of brothers* » est prononcé. C'est en s'y référant que Stendhal dédie, à la fin du livre, sa *Chartreuse de Parme* « *To the Happy Few* ». Et c'est l'expression *Band of Brothers* (Frères d'Armes) qui sert également de titre à la minisérie créée par Tom Hanks et Steven Spielberg, diffusée sur HBO en 2001.

The King, film de David Michôd, produit par Netflix, est sorti en novembre 2019 avec Lily-Rose Depp en Catherine de France, épouse de Henry V, et Robert Pattinson dans le rôle du dauphin. Le scénario est une adaptation des pièces de Shakespeare *Henry IV* et *Henry V*. Il prend encore plus de liberté avec la réalité historique, déjà copieusement malmenée dans les pièces du Barde. La bataille d'Azincourt n'a pas eu lieu dans un endroit aussi vallonné et verdoyant, mais dans une plaine labourée et des champs en jachère. En outre, les Anglais – et non les Français – tenaient les hauteurs avant la bataille. Il n'en reste pas moins que le combat des chevaliers en armure dans la boue donne une bonne idée de la réalité de l'affrontement.

Jeu vidéo
***Campers* anglais contre Leeroy Jenkins français**

On sait, au moins depuis Clausewitz, que la défensive a toujours un avantage sur l'offensive, et des batailles historiques comme Azincourt ou Waterloo illustrent l'efficacité de cette tactique, également employée dans le jeu vidéo.

• La tactique employée par Henry V peut s'apparenter à celle d'un *camper*, qui désigne un joueur statique. Le *camper* profite d'une position tactique protégée pour annihiler ses adversaires sans prendre de risques, en utilisant des armes de jet ou de tir permettant de frapper à longue distance. Ce style de jeu est sans arrêt décrié sur les forums dédiés aux jeux, comme lors des parties en direct, et souvent assimilé à de la triche, ou à une attitude non conforme à l'esprit du jeu. Mais à Azincourt, on est dans la vraie vie.

• À l'inverse, on peut considérer que la tactique de la chevalerie française s'apparente à celle de Leeroy Jenkins. Ce nom, devenu légendaire sur Internet dans la sous-culture des *gamers*, est celui d'un joueur de *World of Warcraft* (*WoW*), le jeu massivement multijoueur développé par Blizzard Entertainment. Il a fait l'objet de mèmes[1] innombrables. À l'origine, une vidéo d'une partie de *WoW* mise en ligne sur un forum montre un groupe de joueurs, une guilde, discutant en détail de la stratégie à adopter juste avant une mission très difficile. Le joueur dont le pseudo est Leeroy Jenkins n'est pas devant son ordinateur et son personnage apparaît comme inactif pendant toute la discussion. Lorsque le joueur revient devant son ordinateur, il ignore le plan patiemment élaboré par ses coéquipiers et lance son personnage à l'attaque au cri de « Leeroooooooooy Jenkins ». Les adversaires (des *NPC*, ou *non player characters* pilotés automatiquement par le système) réagissent immédiatement et ses compagnons n'ont d'autre solution que d'accourir à son aide en se lançant dans une charge aveugle sans respecter le plan initial. Tous les personnages sont submergés en quelques secondes et tués dans l'affrontement.

1. Même, ou *meme* en anglais (alors prononcé mim) : événement ou phénomène repris massivement sur Internet, et décliné sous forme de citations illustrées, images GIF animées, ou courtes vidéos.

Balaclava (Crimée, 1854)

« C'est magnifique, mais ce n'est pas la guerre : c'est de la folie ! »

La charge de la brigade légère constitue un des épisodes de l'histoire militaire britannique qui ont été les plus commentés. Elle a été tour à tour magnifiée comme un acte de bravoure héroïque, ou dénoncée comme un massacre inutile provoqué par une obéissance aveugle à des ordres ineptes.

Hasard de l'histoire : le 25 octobre, jour de la Saint-Crépin et Crépinien dans le calendrier chrétien, est une date doublement importante dans l'histoire militaire britannique. Le jour anniversaire de la bataille d'Azincourt, lors de laquelle les charges françaises s'étaient brisées contre la détermination et le réalisme anglais, une charge absurde, cette fois-ci britannique, allait marquer l'histoire militaire. La charge de la brigade légère, qui se produisit lors de la bataille de Balaclava pendant la guerre de Crimée, a suscité une polémique qui n'a pas cessé depuis 1854, suscitant un retournement dont le regard sur les événements historiques est coutumier : d'abord regardée comme l'illustration de la valeur et du courage d'une armée disciplinée, l'épisode a ensuite été considérablement décrié comme l'exemple de la bêtise que représente l'obéissance aveugle à des ordres stupides. L'amplitude de ce mouvement de balancier s'explique par le caractère controversé du chef ayant mené la charge, Lord Cardigan. Il n'avait du reste fait qu'obéir à un ordre ambigu. La mort du porteur de cet ordre, le capitaine Nolan, dans les premières minutes de l'affrontement, a ajouté à l'incertitude entourant la compréhension de l'événement.

Raglan, Lucan, Cardigan : un trio infernal

La charge de la brigade légère est largement due aux rapports dysfonctionnels entre les trois officiers responsables de la charge : celui qui l'a dirigée sur le terrain, son supérieur direct et le commandant en chef. La similarité des profils est frappante, jusqu'aux sonorités finales de leurs noms. Et comme pour les trois mousquetaires, le trio n'est complet qu'avec un quatrième homme, en l'espèce le capitaine Lewis Nolan.

Situation géopolitique générale : le Grand Jeu entre le Royaume-Uni et l'Empire russe

La guerre de Crimée est un conflit qui oppose à la Russie, en 1854, trois pays alliés : l'Angleterre, la France et la Turquie. La guerre a pour prétexte « la querelle des moines », qui dresse la France de Napoléon III contre la Russie de Nicolas Ier pour la protection des lieux saints à Jérusalem, alors sous le contrôle de l'Empire ottoman. En réalité, cette querelle, exploitée par le tsar, s'inscrit dans la rivalité géopolitique entre la Russie et l'Angleterre qui polarise les relations internationales pendant tout le XIXe siècle. Classiquement, la dynamique géopolitique russe est orientée pour se ménager un accès aux mers chaudes, ce qui suppose un axe d'action essentiellement tourné vers le sud, incluant le contrôle des Balkans et des détroits (Bosphore et Dardanelles). Ces objectifs stratégiques signifient le soutien au panslavisme et la destruction de l'Empire ottoman en Europe. La politique russe de soutien à la Serbie et son action au Moyen-Orient montrent que cette logique perdure encore aujourd'hui. De la même façon, l'extension russe dans le Caucase amène la Russie à une confrontation inévitable avec les Ottomans.

Par ailleurs, le Royaume-Uni, dont tous les efforts diplomatiques et militaires, depuis la perte de sa dernière possession sur le continent (Calais, 1558), consistent à éviter qu'une grande puissance impose à l'Europe son hégémonie, s'oppose à l'Empire russe. Cette constance de la politique étrangère britannique s'est toujours exercée contre la plus grande puissance continentale : d'abord contre l'Espagne des Habsbourg jusqu'au début du XVIIe siècle, puis contre la France pendant tout le XVIIIe siècle, et jusqu'à la défaite napoléonienne de 1815. Avant que l'Allemagne ne prenne la première place dans l'ordre des menaces, au tournant du XXe siècle, c'est la Russie qui constitue le rival principal. Ce danger apparaîtra écarté lorsque la défaite de la Russie face au Japon en 1905[1] révélera que la menace russe est désormais reléguée au second plan. Cette menace est d'autant plus fortement ressentie que l'expansionnisme russe en Asie centrale pèse comme une menace très inquiétante sur l'empire des Indes. Cette rivalité entre l'Angleterre et la Russie en Asie définit ce qu'on appelle le Grand Jeu, expression popularisée par Rudyard Kipling dans son roman *Kim*. Elle contribuera notamment à la création de l'Afghanistan, État tampon destiné à séparer les deux empires.

---

1. *Cf.* le chapitre 6 consacré à la bataille de Tsushima.

Cardigan, le comte meurtrier

Né en 1797, James Thomas Brudenell, septième comte de Cardigan, est le parangon de l'aristocrate victorien, imbu de sa supériorité de classe, plein de morgue, sans reconnaissance pour les qualités d'autrui si elles ne s'accompagnent pas du fait d'être bien né. Sa carrière militaire est marquée par des épisodes d'incompétence notoire. Seul garçon dans une fratrie comportant sept sœurs, ses biographes expliquent parfois son arrogance et son entêtement par cette éducation d'héritier mâle gâté. Bon cavalier, il souhaite acheter une charge d'officier dans un régiment à la mode, mais son père l'envoie étudier à Oxford. Il devient alors membre du Parlement, mais à sa sortie d'Oxford, le jeune Brudenell délaisse ses fonctions politiques pour entreprendre le Grand Tour, voyage à travers l'Europe très prisé par les jeunes gens de la haute société britannique. Utilisant largement le système d'achats de brevets, il devient officier de cavalerie et obtient rapidement les différents grades pour devenir lieutenant-colonel. Sa carrière est une succession de scandales : procès pour adultère, divorce, cour martiale, de nombreux duels lui valant le surnom de *The Homicidal Earl* (« le comte meurtrier »). Comme chef de corps, il favorise les officiers de bonne famille sans expérience et affiche un mépris souverain pour les officiers expérimentés ayant servi aux Indes.

L'épisode de « la bouteille noire » permet de prendre la mesure du personnage. Un de ses officiers ayant fait le début de sa carrière aux Indes avait fait servir au mess une bouteille de vin de Moselle dans une bouteille noire. Cardigan l'accusa de servir de la bière, boisson éminemment prolétarienne. L'officier incriminé, tentant de s'expliquer et contredisant son supérieur, fut mis aux arrêts. Selon d'autres sources, le reproche venait du fait que le vin avait été servi dans une bouteille et non dans une carafe. Au fond, peu importe le détail de l'affaire : dans les deux cas, un manquement à l'étiquette à table justifiait pour Cardigan la mise aux arrêts d'un de ses officiers, surtout s'il n'était pas bien né. Pendant la guerre de Crimée, il se rend sur le théâtre des opérations sur son yacht personnel, à bord duquel il rentre dormir chaque soir, refusant absolument de se commettre dans la vie de cantonnement. De ce fait, il arrive à chaque fois *après la bataille* les deux jours que dura la bataille d'Inkerman, les 4 et 5 novembre ! Il mourra des suites d'une chute de cheval le 28 mars 1868.

La querelle des moines

En Europe, la France et le Royaume-Uni craignent que l'Empire ottoman ne devienne un vassal de la Russie, ce qui bouleverserait l'équilibre des puissances. Les tensions s'accroissent à travers les disputes entre chrétiens occidentaux et orientaux pour le contrôle des lieux saints en Palestine, alors sous domination ottomane. Ces disputes, que l'on nomme la « querelle des moines », sont accompagnées d'émeutes, qui font tout de même une quarantaine de morts. La querelle prend sa source à Bethléem, où les moines latins partagent la garde de la basilique de la Nativité avec les moines grecs orthodoxes, qu'ils soupçonnent d'avoir fait disparaître une étoile portant une inscription en latin. Les diplomates français, protecteurs traditionnels des chrétiens latins d'Orient, relaient leur protestation auprès de la Sublime Porte, le gouvernement du sultan. En 1850, le gouvernement républicain relance les protestations auprès du sultan dans le souci de séduire les électeurs catholiques. Surenchère entre les Français et le tsar Nicolas Ier, qui défend les orthodoxes. En 1852, la crise semble cependant étouffée quand le tsar juge la situation propice pour régler la *Question d'Orient*. Il propose une sorte de partage de l'empire ottoman, les Balkans et le contrôle des détroits étant confiés à la Russie, l'Égypte et la Crète à l'Angleterre, qui repousse cette offre par crainte que la Russie ne prenne trop d'influence en Méditerranée orientale. Nicolas Ier se passe donc de l'accord

LA GUERRE DE CRIMÉE
1853-1856

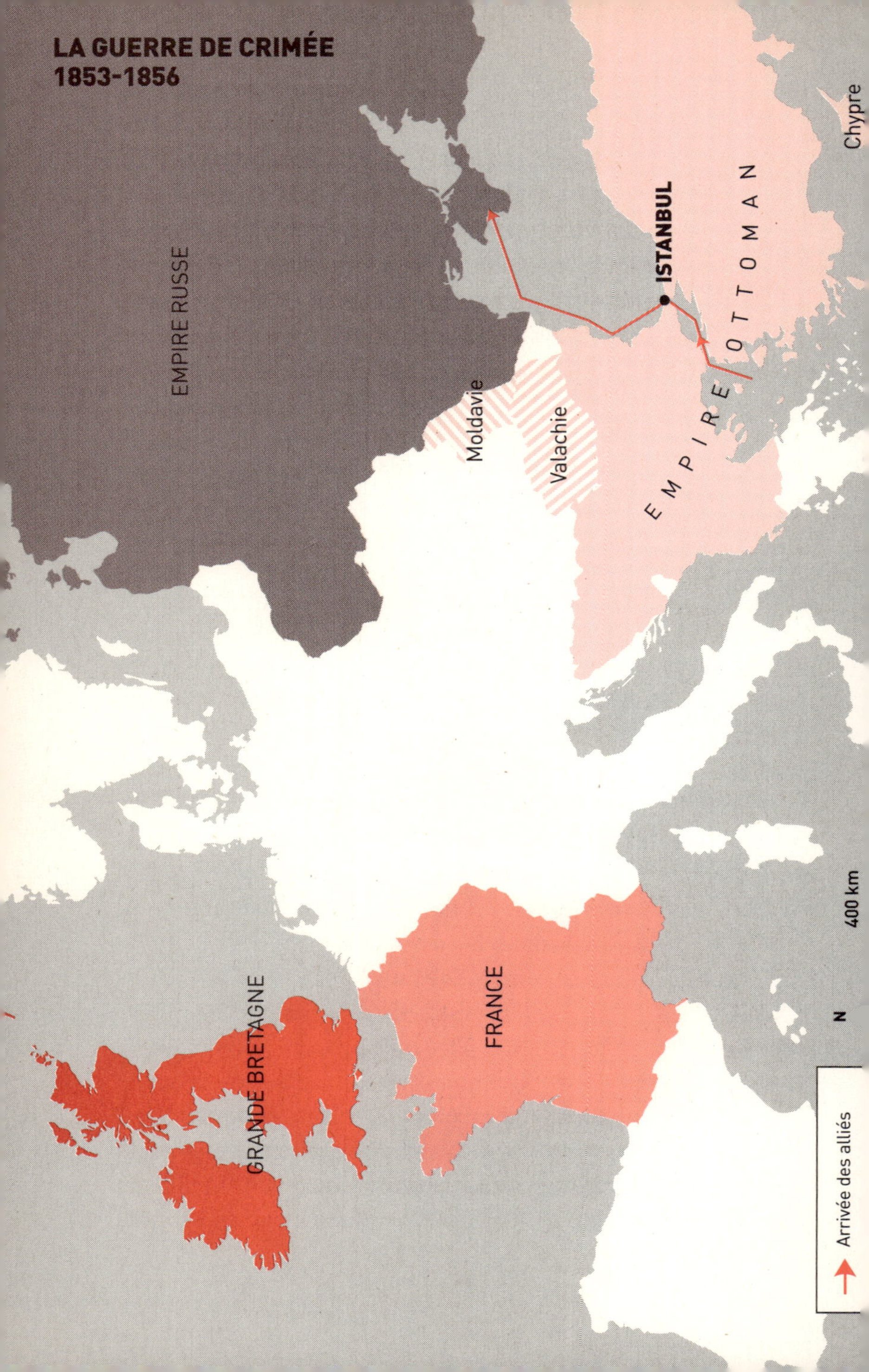

britannique. Le 1er juillet 1853, l'armée russe pénètre en Moldavie et en Valachie, la Roumanie actuelle, deux principautés sous suzeraineté ottomane, et atteint le Danube. L'empereur des Français, qui a renversé la République deux ans auparavant, se rapproche du Premier ministre britannique. La France et le Royaume-Uni somment le tsar d'évacuer les deux provinces, et déclarent la guerre à la Russie à la suite de son refus.

Lucan, le n+1, *Lord Look-on*

George Bingham est né en 1800. En 1829, il épouse Lady Anne Brudenell, la septième fille de Robert Brudenell, sixième comte de Cardigan, et devient donc le beau-frère de James Thomas Brudenell. Lord Bingham succède à son père en tant que troisième comte de Lucan en 1839, une pairie située en Irlande. Pendant la Grande famine irlandaise de la fin des années 1840, il agit de manière brutale et insensible. Commandant de la division de cavalerie en Crimée, il est le supérieur de son beau-frère Cardigan, alors que les deux hommes se détestent. Son descendant direct, Richard John Bingham, septième comte de Lucan, né en 1934 et déclaré mort en 2016 pour que ses héritiers puissent liquider sa succession, a défrayé la chronique criminelle britannique des dernières décennies : ancien banquier d'affaires reconverti comme joueur professionnel, il tue la nurse de ses enfants dont il n'avait pas la garde, et disparaît sans laisser de traces en 1974.

Avant la bataille, opérations stratégiques : la guerre d'Orient devient guerre de Crimée

Craignant une intervention autrichienne aux côtés des Alliés, le tsar Nicolas Ier évacue les Balkans à l'été 1854. Cependant, pour réduire la puissance militaire russe dans la région, la France et l'Angleterre décident d'attaquer la base navale de Sébastopol, premier port russe de la mer Noire : la guerre d'Orient devient la guerre de Crimée. Les forces alliées débarquent à Eupatoria le 14 septembre 1854, et battent les Russes lors d'une première bataille sur les bords de l'Alma le 20 septembre, où s'illustrent particulièrement les zouaves de l'armée française. Cette première victoire contre les troupes conduites par le prince Menchikov, gouverneur de la Crimée, n'est pas exploitée : il n'y a pas de poursuite. Les Russes se retirent en bon ordre, protégés par une cavalerie intacte, alors que les Français n'ont pas de cavalerie et que Lord Raglan, le général en chef du corps expéditionnaire britannique, se méfie de la sienne. Raglan a servi auprès du duc de Wellington qu'il vénère, et qui a toujours tenu la cavalerie britannique en piètre estime. Le duc de fer avait l'habitude de dire que la seule chose dont on pouvait être sûr avec la cavalerie est qu'elle chargeait toujours à tort et à travers. Il déclare par exemple dans une lettre : « [...] nos officiers de cavalerie ont acquis cette faculté de charger n'importe quel objectif, et galopent ensuite vers l'arrière aussi vite que sur l'ennemi. Ils ne tiennent jamais compte de la situation, ne pensent jamais à manœuvrer devant un ennemi – ou si peu que l'on pourrait penser qu'ils ne savent pas manœuvrer ailleurs que sur les terrains de Wimbledon Common[1]. » La suite de la guerre ne lui donnera pas tort.

1. (Lettre au Lieutenant General Sir R. Hill, 18 juin 1812, *in The Dispatches of Field Marshal The Duke of Wellington During his Various Campaign in India, Denmark, Portugal, Spain, the Low Countries, and France, from 1799 to 1818 (Vol. IX)* (London, John Murray, 1838) p. 238, Traduction de l'auteur. Voir aussi : Mallia Matthew, *"Galloping at Everything" : Wellington and the British Heavy Cavalry Charge at Waterloo"*.

Raglan, le n+2, adorateur de Wellington

FitzRoy James Henry Somerset est né en 1788 et élevé à la pairie en tant que premier baron Raglan en 1852. Secrétaire du duc de Wellington dont il a épousé une nièce, il partage avec son mentor le mépris pour la cavalerie britannique. Blessé au bras à Waterloo par un coup de fusil parti du toit de la ferme de la Haye-Sainte et emmené au poste de soins où les chirurgiens l'amputent, il s'exclame : « Eh, ne jetez pas ce bras tant que je n'ai pas retiré l'alliance de mon doigt[1]. » Nommé commandant en chef des forces britanniques d'Orient en 1854, Lord Raglan établit avec le maréchal français de Saint-Arnaud le plan de l'expédition de Crimée. À la suite de la charge, il est promu au rang de *field marshal*, mais meurt du choléra au mois de juin.

Les travaux de siège

Si la victoire de l'Alma n'est pas plus exploitée, c'est également que les troupes sont épuisées. Il faut relever les centaines de blessés qui jonchent le sol, les troupes françaises de première ligne, les zouaves en particulier – dont l'action a été décisive – ont abandonné leur paquetage pour escalader les pentes. Résultat ? Les Russes ont cédé le terrain, mais ne sont pas détruits. « Une victoire sans cavalerie reste sans effet » disait Napoléon. La bataille de l'Alma, c'est un peu la Moskowa[2]. La voie vers Sébastopol est certes dégagée,

1. Alessandro Barbero, *Waterloo*, traduit de l'italien par Elizabeth Auster, Flammarion, Paris, 2005 p. 319.

2. Livrée en 1812 lors de la campagne de Russie à proximité de Moscou, la bataille est revendiquée par chaque partie comme une victoire : les Russes, qui l'appellent bataille de Borodino, parce qu'ils se sont repliés en bon ordre en saignant à blanc la Grande Armée ; les Français parce qu'ils ont la voie ouverte vers Moscou, qui s'avérera du reste être un piège mortel.

mais les Alliés ont raté l'occasion d'y entrer en force, sur les talons d'une armée vaincue, dans une place qui n'a pas encore été totalement mise en état de défense, ce que du reste ils ignorent. C'est la première erreur d'une guerre qui n'en sera pas avare. Les Anglo-Français vont devoir en passer par un long siège. Il va durer onze mois, et est raconté dans *Les Récits de Sébastopol* par Léon Tolstoï, qui y était présent.

Les deux commandants en chef, le général Canrobert, qui a succédé à Saint-Arnaud, et Lord Raglan, décident de lancer les indispensables travaux du siège : creusement de tranchées, tracé d'une ligne de circonvallation pour se protéger de l'arrivée d'une armée de secours, construction de redoutes. Le 17 octobre, les assiégeants désormais sécurisés, le bombardement des fortifications peut commencer. Il apparaît immédiatement que l'affaire risque de durer : les forts de granit tournés vers la mer, bombardés une journée durant par les pièces de marine de la flotte franco-britannique, ont à peine souffert, et les batteries d'artillerie sous casemate sont restées intactes. Quant aux fortifications de terre élevées à la hâte vers l'intérieur, si une journée de bombardements intensifs les a partiellement éboulées, elles ont dès le lendemain été remontées après un travail de terrassement acharné pendant la nuit.

CRIMÉE 1854

MER D'AZOV
MER NOIRE
EUPATORIA
SYMFEROPOL
YALTA
SÉBASTOPOL
BALACLAVA
Alma
20 sept. 1854
Balaclava
25 oct. 1854
Arrivée de la flotte alliée
Itinéraire de la flotte
Siège de Sébastopol
Batailles
30 km
N

Nolan, le messager de la mort

Le capitaine Lewis Edward Nolan est né en 1818. Formé dans l'armée autrichienne, il se révèle très vite un cavalier enthousiaste et un théoricien militaire. Il est notamment le concepteur d'un modèle de selle adopté par la cavalerie britannique. Nul ne saura jamais si Nolan est mort dans une tentative désespérée d'empêcher la charge, ou s'il souhaitait au contraire y prendre part.

Les hauteurs de Kadykoyskie

Plus inquiétant pour les Alliés : une armée russe de secours tient la campagne à l'arrière de leurs lignes. La chaîne d'approvisionnement passe par le petit port de Balaclava où débarquent renforts, munitions, ravitaillement. Il est donc essentiel que la ligne de communication entre Balaclava et les cantonnements franco-britanniques soit sécurisée. Des unités turques construisent donc quelques redoutes le long de la route qui emprunte une crête surplombant de quelques mètres la plaine environnante. Les cartes russes la nomment Kadykoyskie, parfois Kadykoyskie byssomy, c'est-à-dire Kadykoyskie haute, ou hauteurs de Kadykoyskie. Sur les cartes britanniques, ce lieu-dit est appelé Causeway Heights, que l'on pourrait traduire par « les hauteurs de la chaussée », ou « la chaussée haute ». Nous insistons sur ce point de détail, car la traduction fautive parfois rencontrée dans la littérature francophone « les monts Causeway » donne à penser que cette élévation modeste constitue un véritable obstacle. En réalité, son importance dans la bataille à venir est simplement qu'elle va masquer son versant nord aux troupes se trouvant au sud.

Déroulement de la bataille : la charge de la brigade légère

Le 25 octobre, Menchikov envoie le général Lipandri s'emparer de Balaclava. Le champ de bataille sur lequel les Russes arrivent par l'est se compose de deux vallées, la vallée du nord et la vallée du sud, toutes deux orientées est-ouest et séparées par la crête Kadykoyskie, que nous désignerons désormais par Chaussée haute, parce qu'une route l'emprunte sur quasiment toute sa longueur. Au sud, le port de Balaclava ; au nord, la colline Fedioukine. Le commandant en chef des forces britanniques, Lord Raglan, se trouve à l'ouest sur les hauteurs de Sapoune, dominant les deux vallées, d'où il a une vue imprenable sur le champ de bataille. À ses pieds, dans les deux plaines nord et sud, ses troupes ne voient que la vallée dans laquelle elles se trouvent, ce qu'un observateur inattentif comme Raglan n'a pas pris en compte. Il ne sera du reste pas le seul. Quelques unités britanniques se trouvent entre les Russes et Balaclava : l'infanterie écossaise du 93e Highlander, et la division de cavalerie commandée par Lord Lucan, formée de la brigade lourde et de la brigade légère.

Vous avez dit brigade légère ?

Au milieu du XIXe siècle dans l'armée britannique, le terme *brigade* désigne un regroupement de plusieurs régiments. La réserve de cavalerie du corps expéditionnaire en Crimée est commandée par Lord Lucan, et comporte :

- Une brigade lourde, sous les ordres du général James York Scarlett (Lord Scarlett), formée du 4e régiment de dragons irlandais de la Garde, du 5e régiment de dragons de la Garde, du

6e régiment de dragons Inniskilling et du 2e régiment de dragons *Scots Greys*, une unité rendue célèbre par son action à Waterloo.

• Une brigade légère, sous les ordres de Lord Cardigan, formée des 4e et 13e régiments de dragons légers, du 17e régiment de lanciers, et des 8e et 11e régiments de hussards. Ces derniers sont parfois appelés dragons légers, les deux termes étant quasiment synonymes dans la cavalerie britannique.

Pour les francophones, le terme brigade peut prêter à confusion, puisque traditionnellement, dans l'armée française, une brigade est la réunion de deux régiments. Sous la Révolution, à partir de 1793, l'appellation demi-brigade remplace d'ailleurs le régiment, terme évoquant trop l'ancien régime. Plus récemment, depuis la réorganisation de 1999, les anciennes divisions sont devenues des brigades.

Les Russes installent une position solide avec des canons, au nord et à l'est de la vallée du nord, le long de la colline Fedioukine. Ils chassent rapidement les Turcs défendant les redoutes installées le long de la Chaussée haute. Ils tiennent désormais les trois bords nord, est et sud de la vallée du nord.

The Thin Red Line

La cavalerie russe descend alors de la Chaussée haute vers la vallée du sud, en direction de Balaclava. Elle se heurte aux Highlanders, qui, pour barrer la route, s'étendent sur deux rangs afin d'allonger leur ligne de feu. En principe, lorsqu'elle est chargée par la cavalerie, l'infanterie est censée épaissir ses rangs et non les étirer, voire se former en carrés pour résister à la charge. Malgré le manque de profondeur du dispositif, l'infanterie tient bon : c'est l'épisode de la *Thin Red Line*, expression forgée par le correspondant du *Times* qui observe la bataille depuis les hauteurs de Sapoune. L'expression deviendra proverbiale et sera maintes fois reprise dans la littérature et au cinéma[1]. Lorsque la brigade lourde (*Heavy Brigade*) commandée par Lord Scarlett entre en action, la poussée russe s'interrompt. Scarlett, dont on ne peut nier le courage, charge les Russes à la tête de sa brigade, accompagné de son aide de camp le lieutenant Elliot. L'un et l'autre sont blessés plusieurs fois dans la mêlée. En quelques minutes, la cavalerie russe a été arrêtée et mise en fuite. Elle repasse la crête de la Chaussée haute et reflue vers la vallée du nord. L'occasion est rêvée pour que la brigade légère, postée à l'extrémité ouest de la vallée du nord la prenne de flanc et la mette définitivement en déroute. Lord Cardigan, à la tête de la brigade légère, ne bouge pas, malgré la pression de certains de ses officiers.

La mécanique est enclenchée

Raglan, qui a une vue d'ensemble depuis la crête Sapoune, voit également que les Russes se préparent à atteler les canons pris aux Turcs lors de la prise des redoutes de la Chaussée haute, et décide d'envoyer la cavalerie interrompre la manœuvre : une mission parfaitement adaptée au rôle de la

1. Notamment par Rudyard Kipling, mais surtout dans le roman *The Thin Red Line* de James Jones, paru en 1962, roman autobiographique qui raconte de façon très crue l'expérience personnelle des soldats américains pendant la campagne de Guadalcanal fin 1942 et début 1943 dans les îles Salomon (traduction française : *Mourir ou crever*). Le roman est adapté au cinéma une première fois en 1964 sous le titre *The Thin Red Line*, dirigé par Andrew Marton (*L'attaque dura sept jours* en français). La deuxième adaptation, réalisée par Terence Malick (*The Thin Red Line*, 1998), est un chef-d'œuvre absolu nominé pour 7 Oscars, dont celui du meilleur film, du meilleur réalisateur et du meilleur scénario adapté, et remportera l'Ours d'or de Berlin, entre autres prix internationaux.

cavalerie légère. Il fait rédiger par le général Airey un ordre destiné à Lucan, commandant de toute la réserve de cavalerie, qui va devenir légendaire pour son imprécision : « Lord Raglan souhaite que la cavalerie se porte rapidement au front, et essaie d'empêcher l'ennemi d'emporter les canons. L'artillerie à cheval peut accompagner. La cavalerie française se trouve à votre gauche. Exécution immédiate[1]. » La mécanique sanglante est enclenchée. L'ordre est confié non pas à l'aide de camp de service, mais au capitaine Lewis Nolan, officier au 15e hussards. Celui-ci apporte au galop l'ordre à Lord Lucan, qui lui demande de quels canons il s'agit, car il ne peut voir l'activité sur la Chaussée haute, de là où il se trouve. Or, Nolan a publié en 1853 un livre qui a rencontré un écho important : *Cavalry : Its History and Tactics.* Certains le soupçonnent d'avoir induit Lucan en erreur pour avoir l'occasion de démontrer la supériorité de son arme, qui est chez lui comme une obsession. Nolan aurait répondu, d'un air insolent, comme s'il s'adressait à un enfant : « Votre ennemi est là. Vos canons sont là, milord[2] » tout en tendant le bras vers l'est. Mais le geste peut tout aussi bien indiquer la Chaussée haute que le fond de la vallée du nord, où les Russes sont retranchés avec artillerie et infanterie. Piqué au vif, Lucan ordonne à Cardigan, son beau-frère[3], de charger vers le haut de la vallée du nord. Les deux hommes se

---

1. *"Lord Raglan wishes the cavalry to advance rapidly to the front, and try to prevent the enemy carrying away the guns. Troop of horse-artillery may accompany. French cavalry is on your left. Immediate."*

2. *"There, my Lord, is your enemy. There are your guns !"*

3. Lucan a épousé en 1829 Lady Anne Brudenell, septième et plus jeune fille de Robert Brudenell, sixième comte de Cardigan, et devient ainsi le beau-frère de James Thomas Brudenell, qui n'est pas encore à cette date Lord Cardigan.

THE THIN RED LINE

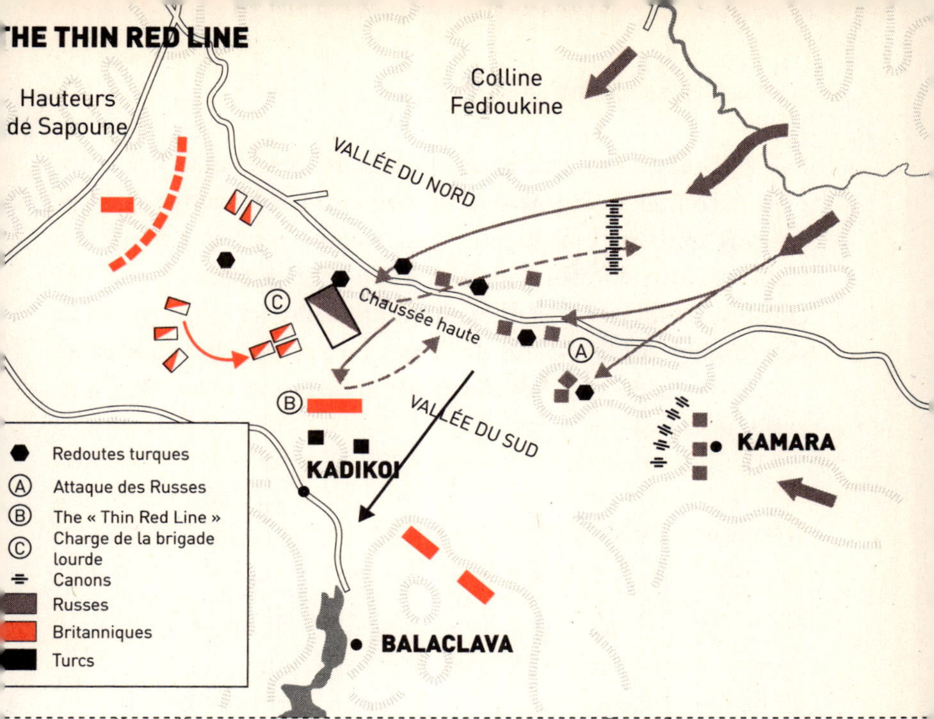

LA CHARGE DE LA BRIGADE LÉGÈRE

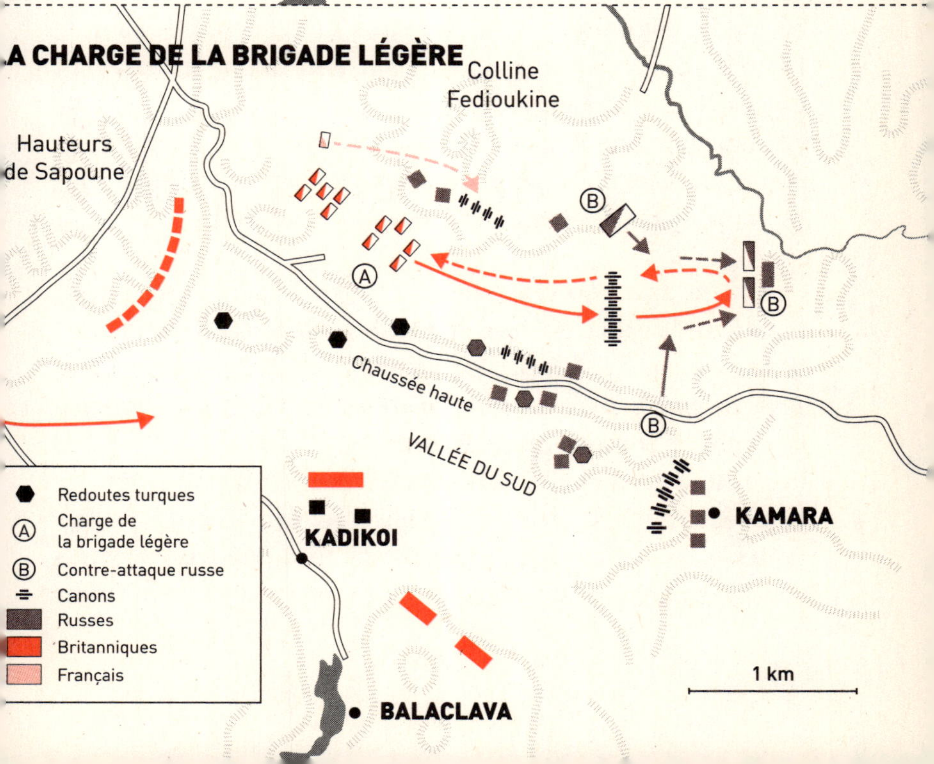

haïssent. Cardigan est réticent tant l'ordre apparaît absurde, et l'entreprise qu'il entraîne vouée à se transformer en bain de sang inutile. Il faut comprendre que ces échanges se font à cheval, en quelques instants, au vu et au su de tous les officiers qui appartiennent au même monde : chacun est tenu par l'image qu'il entend projeter auprès de ses pairs, dans un moment de tension extrême, ce qui n'incite guère à la réflexion.

Cardigan ne peut se dérober

Cardigan est de toute façon obligé d'obtempérer : d'abord parce que c'est un ordre, et parce qu'il s'est tellement moqué de son beau-frère attentiste, qu'il surnomme *Lord Look-on*, « Lord Surveille », qu'il ne peut se dérober une fois que l'occasion lui est donnée d'en découdre. Le mot a fait le tour de l'armée, Lucan ayant gagné ce surnom malheureux après une escarmouche sur la rivière Bulganek avant la bataille de l'Alma, alors que Raglan lui avait ordonné de se retirer et de rester en réserve. Répondant à ses officiers le pressant d'intervenir, il avait répondu *"I look on"*, je surveille.

La charge est donc lancée non pas vers la Chaussée haute, mais dans la vallée du nord, qui va devenir la Vallée de la Mort dans le poème d'Alfred Tennyson, *The Charge of the Light Brigade*. Sur la crête Sapoune, d'abord incrédules, les témoins se rendent compte immédiatement qu'une catastrophe va avoir lieu, car la vallée est occupée sur trois côtés par des troupes et de l'artillerie russe. Mais il est trop tard. Toute l'infanterie, l'état-major, les correspondants de guerre, voient les cavaliers partir au pas, passer au trot puis au galop pour finir au galop de charge en arrivant sur l'ennemi. Ils ont au moins 2 500 mètres à parcourir, pendant lesquels ils sont hachés par les canons situés en face d'eux au fond de la vallée, mais aussi par ceux situés à leur gauche sur les collines Fedioukine, et sur leur droite sur la pente nord de la crête de la Chaussée haute. « C'est magnifique mais ce n'est pas la guerre. C'est de la folie », commente le général Bosquet, commandant d'un des deux corps d'armée français, qui assiste également au spectacle. Dès les premiers instants, le capitaine Nolan se joint à la charge. Dans quelle intention ? Les historiens discutent encore pour comprendre s'il s'y est joint pour participer à une action héroïque démontrant l'excellence de la cavalerie légère, ou si, se rendant compte que celle-ci part au massacre, il tente de retenir Cardigan. De même : a-t-il délibérément induit Lucan en erreur en commentant l'ordre ambigu, ou a-t-il mal compris l'intention de Raglan ? On ne le saura jamais, car Nolan est mortellement touché dès le début de la charge. Ainsi disparaît « le messager de la mort ».

Sous les feux croisés russes

Lord Cardigan, à la tête du 11e hussards, conduit ses 673 cavaliers au combat. Le 17e lanciers et le 13e dragons légers sont en tête. La deuxième ligne, 350 mètres derrière, est formée par le 11e hussards et le 4e dragons légers, qui trébuchent sur les morts, les blessés et les chevaux affolés des cavaliers démontés de la première ligne. La troisième ligne est formée par le 8e hussards. À sa suite, Lucan lance la brigade lourde, mais l'arrête lorsque les pertes s'accumulent. Fortement décimée, la brigade légère parvient pourtant aux canons. Durant la charge, Cardigan interdit de se faire dépasser et souhaite jusqu'au bout charger à la tête de la deuxième ligne. Au fur et à mesure que la charge, prise sous les feux croisés russes, se délite, il ne peut maintenir son ordre opérationnel et lui-même n'ira sans doute pas jusqu'au bout : ses défenseurs pensent qu'il conçoit son rôle comme achevé dès lors que la charge a touché les lignes russes, conformément à la tradition britannique selon laquelle les officiers ne se battent pas, mais conduisent leurs troupes. Les officiers en 1914 montaient au front armés d'un simple stick, et certains ne possédaient pas même de revolver d'ordonnance. Cette analyse est du reste à nuancer puisque le matin même, Scarlett a largement donné de sa personne à la tête de la brigade lourde. Les détracteurs de Cardigan soulignent au contraire qu'il fut un des premiers cavaliers à retourner vers les lignes britanniques, certains disent au galop, mais les témoignages divergent sur ce point. Les cavaliers survivants qui arrivent au contact, ivres de vengeance à cause des pertes et du stress subis pendant la charge, sabrent furieusement les artilleurs russes, mais doivent immédiatement se replier en subissant une contre-attaque de lanciers russes suivie du contact avec un corps d'infanterie. Les survivants fuient vers l'ouest de la vallée, poursuivis par les cosaques de l'aile droite russe. L'intervention de la cavalerie française, le long des pentes de la colline Fedioukine, et celle de la brigade lourde, interrompent la poursuite russe.

Vingt minutes après le lancement de cette charge, la brigade a terriblement souffert : 118 tués, 127 blessés, et 362 chevaux perdus. Après le regroupement, seuls 195 hommes sur un effectif de 673 sont toujours montés. Les autres reviennent à pied ou gisent morts ou grièvement blessés, ou sont prisonniers des Russes, qui les font souffler pour humer leur haleine, pensant que seule une forte imprégnation alcoolique peut expliquer un tel acte de folie. Aussi inutile que meurtrier, l'assaut suicidaire n'a servi à rien : les Russes gardent le contrôle de leurs positions et les canons ne sont pas repris.

Conséquences : la polémique ne cesse d'enfler

La nouvelle du désastre n'atteint le public britannique que trois semaines plus tard. Les rapports des commandants britanniques sont publiés dans une édition spéciale de la *London Gazette* en novembre 1854. C'est le début d'une polémique, d'abord feutrée, mais qui ne va cesser d'enfler, Raglan accusant Lucan d'être responsable du drame, parce qu'il n'a pas compris son ordre. Mais si un ordre n'est pas compris, n'est-ce pas qu'il manque de clarté ? En mars 1855, Lucan est rappelé au Royaume-Uni. La charge devient un sujet de controverse et de débats publics dès son retour, Lucan et Raglan s'exprimant chacun par voie de presse. Lucan, estimant son honneur sali, et n'obtenant pas la tenue d'une cour martiale, se défend lors d'un discours à la Chambre des lords. Toujours présent au siège de Sébastopol, Raglan est emporté par le choléra qui fait des ravages dans le corps expéditionnaire, au mois de juin. La polémique entre les deux hommes s'éteint ainsi, et Lucan est quant à lui fait chevalier-commandeur de l'ordre du Bain en juillet, ce qui semble indiquer un soutien de la couronne.

La guerre dure encore deux ans, avec la prise de Sébastopol. Le tsar souhaite poursuivre la lutte, mais les belligérants, épuisés, entament des négociations débouchant sur le traité de Paris, signé en 1856, qui entraîne peu de modifications territoriales. Aujourd'hui, la charge continue d'être étudiée par les historiens militaires pour comprendre comment la mésentente entre les officiers, l'absence d'initiative et l'imprécision des ordres peuvent produire des catastrophes. Winston Churchill, féru d'histoire militaire et cavalier émérite[1], insista, pendant la conférence de Yalta en février 1945, pour disposer d'un moment réservé à la visite de ce champ de bataille.

Les *Flashman Papers*

Les œuvres littéraires inspirées par l'événement sont innombrables. Survivants de la charge, journalistes, historiens et poètes se sont rapidement emparés de l'événement pour l'ériger en légende.

Cardigan est un des personnages récurrents des *Flashman Papers* de George MacDonald Fraser, une série de romans d'aventures, énorme succès de librairie et objet d'innombrables fan-clubs dans tout le monde anglo-saxon. Les *Flashman Papers* sont présentés comme les mémoires de Sir Harry Paget Flashman, officier imaginaire, couard et dévergondé, mais dont le cynisme, la chance et l'habileté lui ont permis de se construire une image de héros national. La charge de la brigade légère, dans laquelle Flashman est entraîné à son corps défendant, est racontée dans *Flashman at the Charge* (non traduit). Dans plusieurs des titres de la série, Cardigan, que le narrateur surnomme Lord Haw Haw,

---

1. Nonobstant le célèbre *no sport* qu'on lui prête lorsqu'il expliquait sa bonne forme physique en dépit des ahurissantes quantités d'alcool qu'il buvait chaque jour, Churchill était dans sa jeunesse un joueur de polo passionné, quasi obsessionnel, comme il l'explique dans ses souvenirs de jeunesse. Winston Churchill, *Mes jeunes années*, trad. Jean Rosenthal, Tallandier, Paris, 2007, p.142-144.

est présenté comme un monstre d'orgueil et de bêtise. Seuls deux titres sont disponibles en français : *Flashman*, traduit par Pierre Clinquart, publié une première fois par Calmann-Lévy en 1971, republié par l'Archipel en 2004 sous le titre *Flashman, hussard de Sa Majesté ; Royal Flash*, traduit par Gérald Messadié et publié sous le titre *Flashman, le prisonnier de Bismarck*, également par l'Archipel.

Au cinéma

• *La Charge de la brigade légère* (*The Charge of the Light Brigade*) est un film américain réalisé par Michael Curtiz, sorti en 1936. En noir et blanc, d'une durée de 115 minutes, le film dont l'intrigue n'entretient que de vagues liens avec la réalité historique est focalisé sur des officiers imaginaires, interprétés par les stars Errol Flynn, commandant le 27e régiment de lanciers (qui n'existait pas à l'époque), sans doute en lieu et place du 17e, et David Niven. Le personnage fictif de Sir Charles Macefield commande l'armée britannique, le non moins fictif Sir Benjamin Warrenton (*sic*) la brigade légère !

• Parfois présenté à tort comme un remake du précédent, *The Charge of the Light Brigade* a été tourné en 1968 par Tony Richardson, l'un des représentants du *Free Cinema* britannique, mouvement contemporain de la Nouvelle vague française, et lié au courant littéraire des *Angry Young Men*. Comme on peut s'y attendre, le film est un violent réquisitoire contre les actes d'héroïsme absurdes, et dépeint Cardigan, interprété par Trevor Howard, comme une brute imbue de sa supériorité de classe, coureur de jupons invétéré et militaire incompétent – trois caractéristiques que sa biographie a tendance à confirmer. Le film doit beaucoup au livre de Cecil Woodham-Smith, historienne spécialiste de l'époque victorienne, paru en 1953, *The Reason Why : The Story of the Fatal Charge of the Light Brigade*.

Dans la pop culture
Jeu vidéo et *fashion victims*

- Cardigan apparaît dans le jeu vidéo *Assassin's Creed Syndicate 2015* (Ubisoft), où une des missions consiste à l'éliminer. Cardigan y est membre d'une société secrète et dirige un complot visant l'assassinat du Premier ministre Benjamin Disraeli.
- Lord Cardigan a laissé son nom à une pièce d'habillement : le cardigan, une veste de laine tricotée, qu'il portait en campagne. Lord Raglan a donné quant à lui son nom à un manteau dont l'emmanchure monte jusqu'à l'encolure. La bataille de Balaclava est ainsi indissolublement liée à la mode vestimentaire, puisqu'elle a en outre donné son nom à la cagoule de laine, nommée en anglais *Balaclava helmet*. Le terme désigne un passe-montagne, et s'il n'apparaît pas avant 1881, il a vraisemblablement été donné en souvenir de la campagne de Crimée, où les troupes avaient cruellement souffert du froid.

Little Bighorn (États-Unis, 1876)

Ivrognerie, incompétence et trahison lors du dernier combat de Custer

La bataille de la Little Bighorn est une des rares défaites de l'armée américaine face aux Amérindiens. On attribue généralement la responsabilité de cet échec à l'arrogance, l'excès de confiance, l'ambition dévorante ou la folie sanguinaire du colonel George Armstrong Custer. Et s'il fallait chercher ailleurs la responsabilité de la défaite[1] ?

Les Américains désignent la bataille de la Little Bighorn sous le nom de « dernier combat de Custer » (*Custer's Last Stand*). Elle constitue un des épisodes les plus célèbres de l'histoire militaire américaine, car il s'agit de la plus terrible défaite de la cavalerie face aux Indiens. George Armstrong Custer, qui commandait le 7e régiment de cavalerie et qui périt dans la bataille, est généralement considéré comme le principal responsable de cette catastrophe. Une thèse s'est imposée au fil du temps : Custer s'est montré imprudent, a désobéi aux ordres, a divisé inconsidérément ses forces, est

1. Dans cette relecture des responsabilités lors de la bataille, j'ai largement fait fonds sur l'ouvrage très complet de David Cornut : *Little Bighorn, autopsie d'une bataille légendaire*, Éditions du Rocher, 2018.

tombé dans une embuscade et a été rapidement écrasé avec ses hommes par des adversaires beaucoup trop nombreux. Il est par ailleurs dépeint comme arrogant, voire psychopathe, assoiffé de sang et d'ambition politique. Custer, de son vivant, était pourtant la figure la plus célèbre de l'armée américaine, véritable héros de la guerre de Sécession, régulièrement célébré par la presse. Comment son image s'est-elle ainsi dégradée ? Sa figure étant à ce point centrale dans la bataille qui porte son nom en anglais, on se permettra une exception à notre plan habituel : avant de présenter la situation générale, il n'est pas inutile d'expliquer qui était ce militaire hors du commun.

Custer, le héros qu'on adore détester

Né dans l'Ohio en 1839, George Armstrong Custer intègre à 17 ans l'Académie militaire de West Point. Le moins que l'on puisse dire est qu'il n'est pas un cadet brillant : il est classé parmi les derniers quelle que soit la matière, son meilleur classement étant 30ᵉ sur 35 en tactique de cavalerie, arme dans laquelle il fera donc carrière ! Il est en outre très indiscipliné, accumulant blâmes et punitions. Il porte déjà les cheveux longs qui le rendront célèbre, et lorsqu'un officier lui fait reproche de sa chevelure non réglementaire, il se rase entièrement la tête. Provocateur, forte tête, organisateur de chahuts géants, sa marginalité revendiquée lui vaut une popularité très grande parmi ses camarades.[1]

1. James Robbins, *Last in Their Class : Custer, Pickett and the Goats of West Point*, Encounter Books, 2006.

Le goût de la pose

En 1861, lorsqu'éclate la guerre de Sécession, la formation à West Point est accélérée, mais Custer est absent à la remise de diplôme, parce qu'il passe ce jour-là en cour martiale ! Finalement gracié et rapidement promu capitaine, c'est au combat de cavalerie qu'il va se révéler, au sein d'une arme méprisée chez les nordistes, à la différence de la place éminente qu'elle occupe dans l'armée de la Confédération. Auteur de nombreuses actions marquantes, le capitaine de 23 ans est promu général de brigade en 1863. Plus jeune général de l'Union, il gagne le surnom de *Boy General*, et commande les quatre régiments de volontaires du Michigan, surnommés les Wolverines[1]. Deux jours après sa promotion, le 3 juillet 1863, à la bataille de Gettysburg, bien qu'en infériorité numérique face à la cavalerie confédérée, il offre une prestigieuse victoire à celle de l'Union, qui prend pour la première fois l'avantage sur son homologue sudiste. Dans les semaines qui suivent, Custer multiplie exploits, actes de bravoure et victoires inattendues. Le mythe est né, et l'intéressé cultive son image avec talent. Il est adulé par ses hommes qui, pour lui ressembler, se laissent pousser les cheveux et portent un foulard rouge.

La presse et ses collègues commencent à le surnommer le Murat de l'Union[2]. Custer partage avec Joachim Murat,

---

1. L'origine de ce surnom commun à tous les habitants du Michigan n'est pas très claire. *Cf.* http://absolutemichigan.com/michigan/why-we-are-called-the-wolverine-state/ Rien à voir en tout cas avec celui des X-Men du même nom, également connu sous le nom de Logan, dans l'univers de l'éditeur et de la franchise Marvel Comics.
2. Richard Slotkin, *The Fatal Environment : The Myth of the Frontier in the Age of Industrialization, 1800-1890*, University of Oklahoma Press, p. 385.

roi de Naples et maréchal d'Empire, comme lui officier de cavalerie, ce côté beau sabreur, doté d'un fort charisme, lançant les charges les plus folles, remportant des succès aussi incroyables que décisifs, ainsi qu'un goût marqué du *decorum*. Poussons la comparaison : Murat était connu pour ses tenues extravagantes et ses immenses plumets blancs. Custer adopte le 31 mars 1865 un drapeau personnel qui le suit partout sur le champ de bataille, porté par un sergent, et cousu par sa femme Elizabeth « Libbie » : un guidon à queue-d'aronde formé d'une bande rouge sur une bande bleue, frappées de deux sabres de cavalerie blancs entrecroisés. Sans être exceptionnelle – le général Philip Sheridan, son supérieur, en possède également un, une bande rouge surmontant une bande blanche, frappées respectivement d'une étoile blanche et d'une rouge –, l'utilisation d'un guidon personnel indique une volonté de distinction, voire un goût du paraître et de la pose. En campagne, après la guerre, Custer s'habillera volontiers en veste de daim à franges, et c'est du reste la tenue qu'il portera à Little Bighorn. Nous n'en sommes pas encore là.

Un bon client

En octobre 1864, Custer devient à 24 ans le plus jeune général de division (*Major General*) jamais nommé dans l'histoire des États-Unis. Il continue à enchaîner les actions décisives, jusqu'à recevoir la reddition du général Lee, général en chef des armées confédérées, le 9 avril 1865 à Appomatox en Virginie. Reconnu par ses pairs et ses ennemis, vénéré par ses soldats et loué par la presse, George Armstrong Custer sort de la guerre auréolé de gloire. Il la savoure, et utilise très intelligemment la photographie, pose avantageusement, et fait le bonheur des gazettes. Pour les journalistes, il est ce qu'on appellerait aujourd'hui « un bon client ».

Custer : général ou colonel ?

En France, un officier *breveté* est titulaire d'un brevet d'enseignement militaire, comme l'École supérieure de guerre. Dans l'armée américaine, comme dans l'armée britannique, le brevet était donné à titre temporaire, pour autoriser un officier à occuper un grade plus élevé dans le cadre d'une mission. Au XIXe siècle, les brevets étaient extrêmement courants. Custer est ainsi *brevet general* pendant la guerre de Sécession, et redevient capitaine puis colonel après. Les soldats du 7e de cavalerie l'appellent couramment *general* à titre honorifique. En France, l'équivalent du brevet est la promotion à titre temporaire, appelée dans l'argot militaire *bombardement*. Dans l'armée américaine, le brevet pouvait également être donné pour la reconnaissance d'actes de bravoure, et correspondait en quelque sorte à une décoration, source de confusion supplémentaire. La plupart des officiers supérieurs nordistes ont été promus *brevet general* à l'issue de la guerre de Sécession : c'est par exemple le cas du major Reno, qui sert sous Custer à la Little Bighorn.

La fin de la guerre n'en est que plus difficile à vivre. Le conflit terminé, tous les officiers promus par brevet pendant la guerre sont rétrogradés. Custer n'échappe pas à la règle et redevient capitaine. Pour le *Boy General*, plus dure est la chute. Si la guerre était pour lui une période de gloire et de joie, cet heureux temps n'est plus. Il prend le commandement d'une troupe en Louisiane puis au Texas, d'anciens États confédérés. Ses hommes sont indisciplinés et n'ont aucune motivation. Désemparé face à une troupe imperméable à son charisme, il applique une discipline de fer, fait fouetter ses hommes et fusiller un déserteur. Au printemps 1866, le général Sheridan l'aide à décrocher un poste de lieutenant-colonel dans un régiment qui vient d'être formé : le 7e régiment de cavalerie, dont Custer ne sera officiellement que commandant en second, mais dont les deux colonels successifs sous lesquels il servira ne seront jamais présents sur le terrain.

Morphine et alcool

De l'automne 1866 au printemps 1867, Custer tente de former un groupe de combat à sa main, malgré l'alcool qui fait des ravages dans l'armée, tout comme la morphine, conséquence de l'usage *larga manu* de ces substances pendant la guerre. La *maladie du soldat* désigne d'ailleurs après la guerre de Sécession la morphinomanie. « L'alcool, l'opium et la morphine s'avérèrent être les moyens les plus courants de gérer les symptômes du traumatisme de guerre », affirme l'historien militaire Lukasz Kamienski[1]. Custer, persuadé qu'une discipline de fer est indispensable, multiplie les punitions très dures et humiliantes : crâne rasé, isolation dans des cachots enterrés, fouet... Parmi ses officiers se trouve le capitaine Frederick Benteen, qui jouera un rôle crucial dans la bataille de la Little Bighorn. Son aversion pour Custer est immédiate : Benteen déclarera plus tard qu'il avait compris que Custer était un fanfaron dès leur première rencontre.

En 1867, le 7e régiment de cavalerie participe à la campagne du Texas contre les Indiens déclarés « hostiles ». C'est le premier contact de Custer avec la brutalité des guerres indiennes.

---

1. Lukasz Kamienski, *Les Drogues et la Guerre de l'antiquité à nos jours*, Nouveau Monde, Paris, 2017, p. 164.

Pendant la guerre de Sécession, fidèle à son personnage, il jouait volontiers à la guerre en dentelle, faisant parfois la révérence, chapeau à la main, avant de lancer une attaque, et traitant les prisonniers ennemis avec humanité. D'un point de vue opérationnel, il pouvait déployer un plan face à un ennemi cherchant l'affrontement. Il se retrouve démuni face à des adversaires qui refusent le combat et fuient dès qu'ils sont menacés, prêts cependant à anéantir les poursuivants qui se lanceraient inconsidérément à leur poursuite. La campagne est un échec, et se termine par la traduction en cour martiale du lieutenant-colonel Custer, accusé de violences sur des déserteurs et d'abandon de poste sans autorisation, car il est parti retrouver son épouse Elizabeth dont il est follement épris. Ce jugement est vraisemblablement utilisé pour détourner l'attention des journalistes des difficultés rencontrées par l'armée[1]. Il est condamné à une année sans solde.

Le capitaine Frederick Benteen, le traître

Frederick Benteen est né en 1834 en Virginie. Lorsqu'en 1860 Abraham Lincoln devient président des États-Unis, la Virginie est un État esclavagiste, mais où se trouvent des abolitionnistes actifs, et Benteen rejoint l'armée de l'Union le 1er septembre 1861 comme lieutenant du 1er régiment de cavalerie de volontaires du Missouri. Pendant la guerre de Sécession, il gravit successivement les échelons et est finalement nommé au grade de colonel du 138e régiment d'Infanterie US Coloured Troops, dans lequel tous les soldats étaient afro-américains. Après la guerre, il est nommé capitaine dans le 7e régiment de cavalerie qu'il rejoint en janvier 1867, sous

1. Lawrence A. Frost, *The Court Martial of General George Armstrong Custer* p. 130-131, 151 et 178.

les ordres de Custer. Il commande la compagnie H pendant les seize ans qu'il passe dans le régiment.

Appelé à témoigner dans la commission d'enquête chargée de juger l'attitude de Reno à Little Bighorn, il en profite pour se justifier et charger Custer. Benteen est promu major du 9e régiment de cavalerie en 1882. En 1887, il est suspendu pour conduite désordonnée et facultés affaiblies. Il est renvoyé de l'armée, peine réduite à une suspension d'un an. Il décède à Atlanta en 1898.

Massacre de femmes et d'enfants

Fin 1868 cependant, Sheridan, le mentor de Custer, prépare une campagne d'hiver et le rappelle. Le 27 novembre 1868, c'est la bataille de la Washita, qui est en fait l'attaque d'un village de tipis mêlant des guerriers et leurs familles, installés sur les rives enneigées de la Washita River, souvent représentée comme un massacre délibéré de femmes et d'enfants, notamment dans le film *Little Big Man* d'Arthur Penn[1]. Une mise au point est peut-être ici nécessaire. Le propos du présent ouvrage est d'analyser les erreurs militaires dues au manque de réflexion et à l'excès de confiance, pas de porter un jugement éthique sur l'attaque de civils ni sur l'élimination des civilisations indiennes qui a découlé de la découverte des Amériques. Qu'il soit posé une fois pour toutes que les guerres indiennes, dans leur ensemble, peuvent être assimilées à un génocide. L'épisode de la Washita River est bien un massacre, caractéristique des guerres asymétriques, même si le terme n'existe pas à l'époque, où la distinction

1. Arthur Penn, *Little Big Man*, 1971, 139 à 149 minutes selon les versions.

entre combattants et non-combattants est parfois difficile à établir. Ce qui importe ici, c'est de noter l'efficacité du dispositif opérationnel décidé par Custer, car celui adopté à la Little Bighorn sera comparable : le major Joel Elliott charge le village depuis les collines avec trois compagnies. Le capitaine Thomson prend les Indiens à revers avec deux compagnies. Le capitaine Myers attaque par les bois avec deux compagnies. Custer commande quatre autres compagnies dans une attaque frontale. Succès total de l'attaque. Quatre morts chez les soldats, 50 à 150 chez les Indiens[1]. L'encerclement, destiné à éviter la fuite des Indiens a parfaitement fait ses preuves.

Or, c'est précisément cette tactique de division des forces que Custer emploiera à la Little Bighorn, et qu'on lui reprochera alors. Le combat de la Washita est également central pour comprendre la mésentente entre Benteen et Custer. Sans prévenir ce dernier, le major Elliott poursuit un groupe d'Indiens avec 17 hommes. Après avoir brûlé les tipis, abattu des centaines de chevaux et détruit toutes les possessions trouvées dans le village, Custer ordonne la retraite, protégée par un bouclier humain de femmes et d'enfants prisonniers, sans attendre le retour d'Elliott et de ses hommes : leurs corps mutilés seront retrouvés deux semaines plus tard. Le capitaine Benteen, qui servait directement sous les ordres d'Elliott, considère que Custer l'a abandonné, et cet épisode ajoute à son ressentiment. Une lettre personnelle de Benteen, accusant Custer, filtre dans la presse sans mention du signataire. Custer s'en émeut, convoque tous ses

1. Aucun décompte n'a été fait sur place.

officiers, leur déclare qu'il saura découvrir qui est le coupable. Provocateur, Benteen se dénonce, la main sur le revolver. Ambiance. L'atmosphère qui règne au sein du 7e de cavalerie est détestable.

Situation géopolitique générale : les guerres contre les Indiens des plaines

Les années qui suivent alternent traités de paix, régulièrement violés par les Blancs, et périodes de conflits. Les affrontements les plus violents, généralement remportés par l'armée, voient des contingents indiens de plusieurs centaines – voire de milliers – de guerriers s'opposer à des effectifs militaires beaucoup plus réduits. Malgré ce déséquilibre, la victoire revient toujours à ces derniers, qui ne déplorent en général que quelques pertes. Le 2 août 1867, lors de la bataille de Wagon Box, 1 500 guerriers commandés par les chefs sioux oglala Red Cloud et Crazy Horse attaquent 32 soldats du major Powell dans le Wyoming. Les militaires, armés de carabines à répétition et retranchés derrière les chariots, repoussent les Indiens qui déplorent 300 morts et blessés, alors que l'armée n'en compte que six. Du 17 au 25 septembre 1868, la bataille de Beecher's Island oppose les 50 hommes du colonel Forsyth aux 700 guerriers du chef Roman Nose, qui déplore 100 morts, contre huit côté américain. En novembre a lieu la bataille de la Washita déjà évoquée, juste après la signature du second traité de fort Laramie, qui prévoyait la création d'une « Grande Réserve sioux » et son inviolabilité par l'homme blanc. Le 11 juillet 1869, le major Carr attaque les Dog Soldiers, une société guerrière sioux à la bataille de Summit Spring : 52 guerriers et leur chef Tall Bull sont tués. Les soldats déplorent un blessé. Le 3 août 1873, première bataille de la Yellowstone : 100 hommes commandés par Custer sont attaqués par 300 guerriers des chefs Sitting Bull et Crazy Horse qui sont mis en déroute, Custer perdant un homme. Cinq jours plus tard, seconde bataille du même nom : 200 hommes commandés par Custer repoussent 500 à 800 guerriers, Custer perdant deux hommes. Conclusion ? Le reproche couramment fait à Custer après Little Bighorn, à savoir l'attaque d'effectifs ennemis trois à quatre fois plus importants, ne tient pas. L'explication de la déroute est à chercher ailleurs.

Ruée vers les Black Hills

En 1874, sur fond de violente crise économique, le gouvernement envoie une expédition militaire et scientifique de 1 200 hommes commandés par Custer dans les Black Hills, au cœur du sanctuaire des Indiens cheyennes, traditionnels alliés des Sioux. Elle confirme la présence d'or, et en 1875, c'est la ruée : des milliers de prospecteurs envahissent les collines. Certains sont tués par des Indiens, notamment par des Lakotas du chef Sitting Bull. Le gouvernement fixe un ultimatum : tout Indien qui n'aura pas rejoint les réserves le 31 janvier 1876 sera considéré comme « hostile ». Or, ils sont alors dispersés dans des petits campements d'hiver, dans le bassin de la Powder River (sud-est du Montana et nord-ouest du Wyoming).

ATTAQUE EN TROIS COLONNES
JUIN 1876

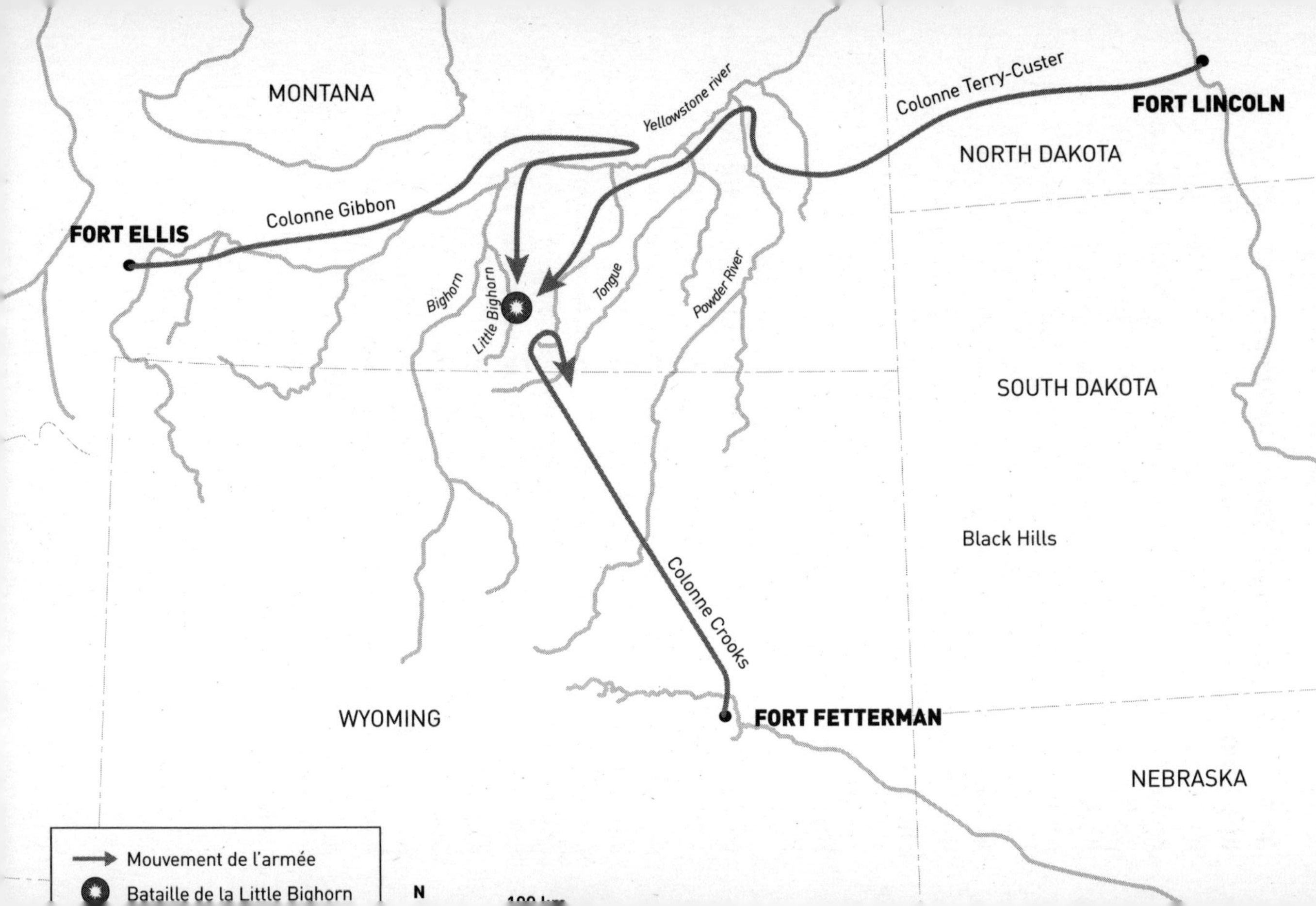

Avant la bataille, opérations stratégiques : une attaque en tenaille

Le général Sheridan établit un plan de campagne en tenaille, trois colonnes convergentes doivent trouver les Indiens et les forcer à rentrer dans les réserves. À l'ouest, la colonne du Montana, sous la direction du colonel John Gibbon, partira de Fort Ellis et descendra la Yellowstone River vers l'est. C'est elle qui découvrira et enterrera les restes du bataillon de Custer. Au sud, la colonne du Wyoming, sous le commandement du général George Crook[1] partira de Fort Fetterman et remontera vers le nord. À l'est, la colonne du Dakota (général Terry), qui constitue la force d'attaque principale, à partir de fort Lincoln, progressera vers l'ouest ; elle est composée de régiments d'infanterie, de cavalerie et elle est dotée de mitrailleuses Gatling. Le 7e de cavalerie, auréolé des victoires de la Washita et de la Yellowstone, en est le fer de lance.

Les barons voleurs

Mais Custer ne commande pas son régiment. Depuis 1874, avec l'aide d'un journaliste du *New York Herald*, il enquête sur la corruption des marchands de la frontière et l'octroi de leurs licences. Les fournitures de l'armée, ainsi que celles destinées aux Indiens des réserves, sont systématiquement détournées, et les signalements de Custer ne conduisent à aucune enquête. Le secrétaire d'État à la guerre, William Worth Belknap, reçoit des pots-de-vin de la part de

1. C'est George Crook qui recevra en 1886 la reddition du chef apache Geronimo, mais il sera relevé de son commandement. Durant la fin de sa vie, il protestera contre le sort fait aux prisonniers indiens.

marchands véreux[1]. L'opposition démocrate se saisit de la question et réclame une commission d'enquête sénatoriale, devant laquelle Custer, convoqué à Washington, témoigne les 29 mars et 4 avril. Il accuse Belknap de corruption, mais aussi Orvil Grant, le propre frère du président des États-Unis ! C'est un tremblement de terre, que l'histoire retiendra sous le nom de *Trading Post Scandal*, qui conduit au limogeage de Belknap. Mais Custer heurte de front trop d'intérêts. Sheridan, patron de la politique indienne des réserves que Custer dénonce, est furieux contre son ancien protégé. Sherman le désavoue également. Le président Grant, dont toute la présidence est marquée par d'innombrables scandales politico-financiers – on est à l'époque d'expansion du capitalisme le plus débridé et des *Robbers Barons*[2] – lui retire son commandement. Mais le général Terry souhaite conserver son plus fort atout, et Grant réintègre finalement Custer dans son commandement le 8 mai. Mais il est clair que Custer apparaît dès lors comme un gêneur, dans l'armée et chez les Républicains. Après le désastre, nombreux sont ceux qui trouveront commode de le présenter comme le principal responsable de celui-ci.

---

1. *Cf.* Frank Browning, John Gerassi, *Histoire criminelle des États-Unis*, Nouveau monde, 2015, p. 287.
2. Les barons voleurs : le terme désigne certains hommes d'affaires des États-Unis du XIXe siècle, exploitant la main-d'œuvre et pratiquant la corruption à large échelle. Ils ont créé des dynasties célèbres : Andrew Carnegie, H.C. Frick (qui constitua la Frick Collection, le plus beau musée de Manhattan, installé dans la demeure qu'il avait fait construire sur la Ve avenue), E.H. Harriman, J.P. Morgan, John D. Rockefeller, Cornelius Vanderbilt.

Une faute évidente

Les trois colonnes se mettent en route, et c'est la colonne du Wyoming, arrivant du sud sous le commandement du général Crook, qui rencontre la première les Indiens le 17 juin. Une gigantesque concentration de 6 000 Indiens : 1 500 guerriers et 4 500 non-combattants, femmes, enfants et vieillards sont rassemblés dans un village de plusieurs centaines de tipis, sous l'égide du chef spirituel Sitting Bull. Ces effectifs importants ne sont pas exceptionnels, contrairement à ce qui est souvent affirmé. À Massacre Canyon (1873), 1 000 à 1 500 Sioux Lakotas attaquent quelques centaines de Pawnees. À Wagon Box (1867) déjà évoqué, 1 500 guerriers rassemblés attaquent 32 soldats. À la Washita, Custer a fait face à 2 000 guerriers. La nouveauté tient au rassemblement d'une coalition de tribus différentes : quelques Arapahoes, quelques Cheyennes du Sud, des Cheyennes du Nord, des Sioux Lakotas (Sitting Bull et Gall), des Oglalas (Crazy Horse). Un groupe de Sioux Sihasapas (Blackfeet) est aussi présent. 750 guerriers attaquent le camp de l'armée. Crook peine à s'organiser, mais en fin de journée, reste maître du champ de bataille, et déplore seulement 10 morts et 21 blessés. Avec ses 1 300 hommes, il pourrait continuer à avancer vers la Little Bighorn, conformément au plan de campagne. Mais il ordonne la retraite sur Goose Creek, dans le Wyoming. Il est vrai que ce général, dans toutes les guerres indiennes qu'il a menées, notamment contre les Apaches en 1871 et dans les années 1880, a préféré les pourparlers au conflit armé. De façon plus difficilement compréhensible, Crook n'envoie aucun messager vers la colonne Terry-Custer pour la prévenir de sa manœuvre et de l'importance des effectifs indiens rencontrés. C'est à l'évidence une faute.

Le 21 juin, 647 hommes du 7e régiment de cavalerie, sous le commandement de Custer, se détachent de la colonne du Dakota pour se diriger vers la vallée de la Little Bighorn. Terry a donné carte blanche à Custer pour les opérations futures, tout en lui promettant de le rejoindre le 26 juin.

Déroulement de la bataille : la colline du Last Stand

Le 25 juin, les éclaireurs crows[1] de Custer rapportent la présence d'un village important. Custer croit – manifestement à tort – avoir été repéré par les Indiens, et craignant qu'ils ne s'enfuient, il lance ses troupes à l'attaque dans l'après-midi en les séparant en trois bataillons (*batallions*)[2]. On sait que la concentration des forces est une des règles de l'art militaire opératif, mais en l'espèce, cet encerclement est logique. D'abord parce que l'objectif de Custer est d'éviter que les Indiens ne s'échappent, le but étant de les ramener dans les réserves. Ensuite, parce que dans le cadre des guerres indiennes, ce *modus operandi* est une tactique éprouvée, comme on l'a expliqué

1. Une tribu ennemie des Sioux.
2. Un régiment de cavalerie américaine est formé de 10 compagnies, regroupées parfois en bataillons. Dans l'armée française, ces termes sont réservés à l'infanterie. Dans la cavalerie, on parle d'escadron et de groupement d'escadrons, équivalents respectifs de la compagnie et du bataillon américains, ces derniers ayant du reste des effectifs supérieurs à leurs équivalents français.

plus haut. Le bataillon de Custer comporte cinq compagnies, soit 216 hommes et quatre éclaireurs crows. Son rôle est de cheminer vers le nord, de dépasser l'emplacement présumé du village le long de la rivière, et d'obliquer vers l'ouest pour empêcher les Indiens de fuir. Le lieutenant Tom Custer, jeune frère du colonel, est son aide de camp. Le lieutenant James Calhoun, leur beau-frère – il a épousé leur sœur Margaret Custer –, commande une compagnie. Ce sont deux membres du « clan Custer », opposé au clan mené par le capitaine Benteen.

Ce dernier commande le deuxième bataillon de trois compagnies, d'un effectif de 140 hommes. Son rôle est de trouver d'éventuels villages satellites vers le nord, puis d'obliquer à l'ouest pour rejoindre le régiment au plus tôt s'il ne trouve rien. Le troisième bataillon est sous les ordres du major Reno, avec quatre compagnies soit 170 hommes, plus 38 éclaireurs crows. Son rôle est de suivre le cours de la rivière et d'engager les Indiens. En arrière, le train de ravitaillement, avec les mulets portant les munitions et les vivres sous les ordres du capitaine Thomas McDougall avec 101 hommes. Boston Custer, dernier de la fratrie, est présent comme fourrier civil, tout comme Henry Armstrong « Autie » Reed, neveu des frères Custer âgé de 18 ans, qui travaille comme gardien du bétail auprès du 7e de cavalerie. Népotisme, paternalisme ou affaire de famille ? Tous les deux rejoindront George sur la colline du *Last Stand*.

BATAILLE DE LA LITTLE BIGHORN

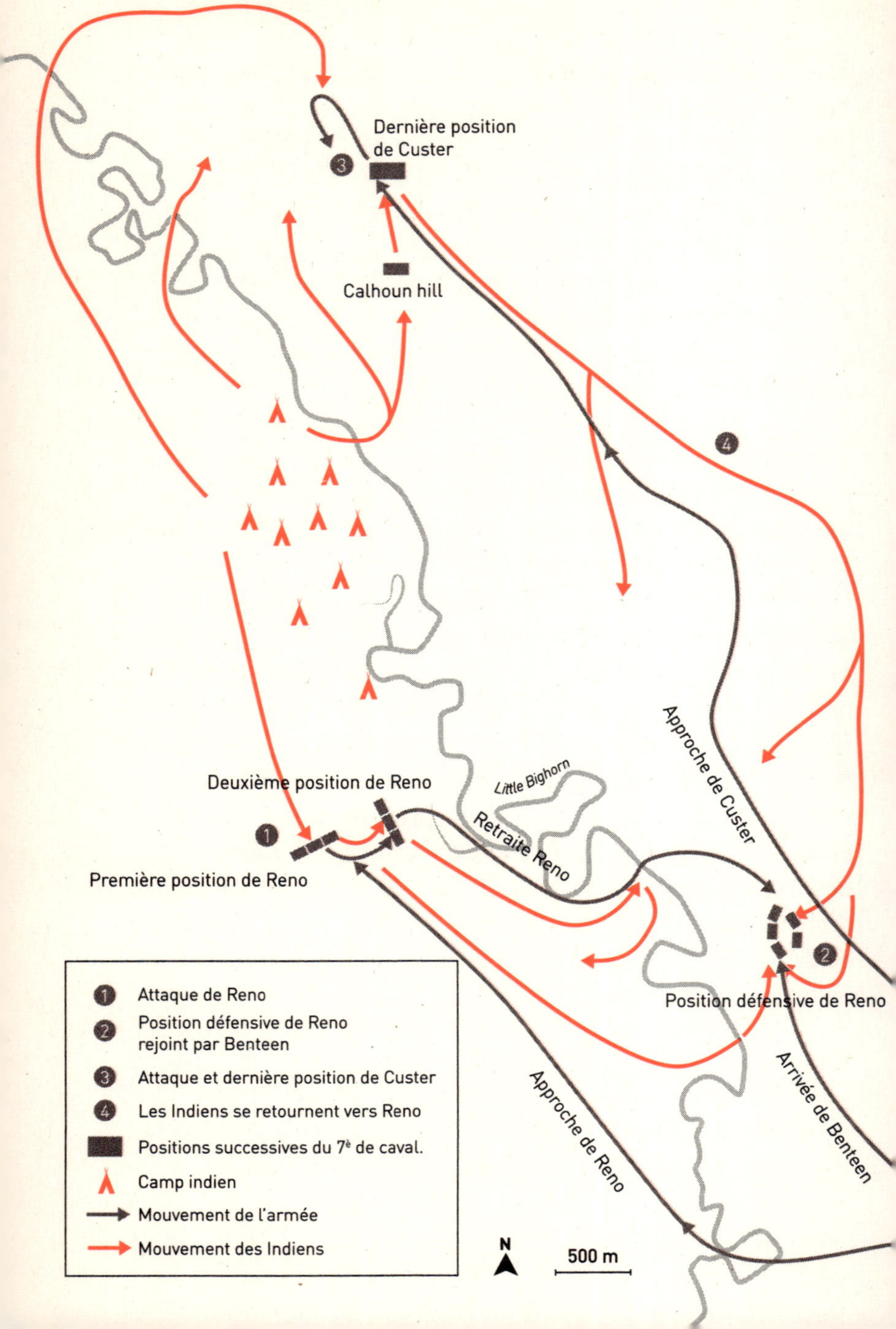

Reno pris de panique

Vers 15 heures 30, le bataillon de Reno traverse la Little Bighorn vers l'ouest, et constate que les Indiens ne se méfient pas et ne sont pas du tout en train de lever le camp. Celui-ci est immense, il s'étend sur 1,5 kilomètre le long de la rivière. Reno ordonne la charge ; certains de ses hommes pénètrent dans le camp sans rencontrer de résistance puis se rendent compte qu'ils risquent de s'y faire piéger et se retirent. Reno ordonne alors de mettre pied à terre et de se déployer en tirailleur, un homme sur quatre tenant les chevaux. Les Amérindiens se portent à la rencontre des soldats et concentrent leurs attaques sur l'aile gauche exposée de Reno. Les échanges de tirs à longue distance se poursuivent pendant vingt minutes. Les Indiens menaçant de plus en plus de déborder sa gauche, Reno, totalement incohérent, ordonne à ses cavaliers de se remettre en selle, de faire retraite dans un sous-bois, puis de mettre pied à terre, puis de remonter. Pris de panique, et sans doute totalement ivre, il donne enfin l'ordre de la retraite et fuit le premier vers le haut d'une colline, qu'on appellera « Reno Hill ».

Depuis que la guerre existe, on sait que c'est lors des opérations de retraite désordonnée et de fuite que le plus grand nombre d'hommes sont tués par les poursuivants. La couverture de la retraite n'est pas organisée par Reno, et les hommes fuyant dans le plus grand désordre en tournant le dos à leurs adversaires se font massacrer par les Indiens menés par Crazy Horse. Une trentaine de soldats périssent ainsi. Pourquoi cette panique ? Reno expliquera plus tard que la boisson y était pour beaucoup. La retraite devient déroute. Arrivés sur la colline, les soldats commencent à creuser des trous individuels de combat. Les Amérindiens aperçoivent alors les troupes de Custer. Ils rassemblent leurs blessés et retraversent la rivière pour protéger le village. Pendant ce temps, à environ 5 kilomètres de là, le capitaine Benteen se hâte avec lenteur, fait boire les chevaux pendant plusieurs dizaines de minutes. Soldats et officiers s'impatientent et ne comprennent pas cet immobilisme.

Le major Marcus Reno, l'ivrogne incompétent et lâche

Marcus Albert Reno est né en 1834 dans l'Illinois. Il est admis à l'Académie militaire de West Point en 1851, et n'en sort qu'en 1857, après avoir redoublé deux années. Officier de cavalerie, il participe à la guerre de Sécession dans les rangs de l'Union. Après la guerre, il est nommé en 1866 au grade de général de brigade breveté (*Brevet brigadier general*) en reconnaissance de son action pendant la guerre, ce qui correspond en réalité à une distinction honorifique. Il exerce brièvement différentes fonctions : instructeur à West Point, juge-avocat à la Commission militaire, prévôt de l'agence des esclaves libérés... En 1868, il est promu au grade de major et siège à la cour martiale à Fort Hays, au Kansas. Il connaît donc parfaitement le fonctionnement de la justice militaire et saura s'en servir. Il rejoint le 7e régiment de cavalerie en 1871.

Après la bataille de la Little Bighorn, les rumeurs sur sa responsabilité dans le désastre commencent à se répandre. Familier des procédures judiciaires, il réclame d'être jugé. Après 26 jours de procès, il est lavé de ces soupçons, mais les témoignages à décharge qu'il produit ont été manifestement arrangés. Fait rarissime dans les annales de la justice militaire américaine, les minutes du procès ont d'ailleurs totalement disparu. Du reste, quelques mois plus tard, Reno comparaît de nouveau devant une cour martiale, pour conduite indigne d'un officier à cause de sa consommation d'alcool. Déclaré coupable, il est renvoyé du service en 1880. En 1889, on lui diagnostique un cancer de la langue, souvent favorisé par le tabagisme et l'alcoolisme. Il meurt des suites de l'opération. La veuve de Custer, Elizabeth Bacon Custer, s'oppose vigoureusement à ce qu'il soit honoré sur le site de la bataille. Finalement, en 1967, à la demande d'un petit-neveu du major, un comité réexamine le jugement de la cour martiale, et ses restes sont enterrés avec les honneurs militaires sur le champ de bataille de Little Bighorn.

Benteen désobéit

Vers 16 heures 10, Custer a atteint une butte près du village, et envoie un messager porter un ordre écrit à Benteen : « Benteen. Venez. Grand village. Soyez rapide. Apportez les paquets[1]. » Ces « paquets » désignent les munitions transportables par les soldats, sans avoir à faire venir le train de mulets. Le message est porté par le clairon Giovanni Martini. C'est le dernier qui verra Custer et son bataillon vivants. Pour la suite, les historiens se basent sur les témoignages des Amérindiens et sur les fouilles archéologiques pour déduire les positions successives de Custer. Sur une colline qui sera appelée « Calhoun Hill », Custer laisse la compagnie de ce dernier comme arrière-garde, et développe la suite de son plan : une action offensive contre le village. À ce moment, regroupés sur le sommet de « Reno Hill », les survivants des forces de Reno sont rejoints par le bataillon de Benteen. Ce dernier décide de s'arrêter et de se joindre à Reno. Ils sont bientôt rejoints par la compagnie de McDougall et par le train de munitions. Les 14 officiers et les 340 soldats établissent un périmètre défensif tout autour de la colline. Les ordres

1. *"Benteen. Come on. Big Village. Be quick. Bring packs. PS : Bring pacs."* (sic)

de Custer à Benteen sont pourtant formels : il doit rejoindre son chef, mais ce dernier y désobéit en décidant de s'arrêter auprès de Reno, bien qu'ayant entendu au loin des tirs nourris vers 16 heures 20.

Les Indiens comprennent que le bataillon de Reno, adoptant une attitude défensive, ne menace pas le village, dont les non-combattants, vieillards, femmes et enfants, ont eu le temps de se mettre à l'abri. Ils retraversent la Little Bighorn pour se porter contre les forces de Custer. Des dizaines de tireurs amérindiens armés de fusils à répétition s'embusquent non loin de la colline, prenant les soldats du lieutenant Calhoun sous un tir croisé dévastateur. Vers 17 heures 30, les Amérindiens menés par Gall, White Bull et Crazy Horse lancent une ultime charge sur « Calhoun Hill », submergée. Seuls quelques soldats parviennent à s'enfuir et à rejoindre Custer.

Incompétence, couardise et ivrognerie

Reno et Benteen ne bougent pas. Les deux officiers, l'un par incompétence, couardise et ivrognerie, l'autre par ressentiment personnel, abandonnent leur chef à son sort. Ayant fait sauter le verrou de « Calhoun Hill », les Amérindiens débordent et encerclent le gros du bataillon de Custer. Le dernier carré de cavaliers américains succombe, probablement vers 18 heures 15. Après une résistance acharnée de plus de deux heures, 210 hommes sont submergés et tués. C'est le point de « la dernière résistance de Custer », *Custer's Last Stand.* Après cet anéantissement, les Sioux et les Cheyennes se regroupent et attaquent les troupes américaines retranchées à « Reno Hill ». Reno, désorienté, peut-être sous le choc, sans aucun doute totalement ivre, semble incapable de gérer la situation. Benteen prend les choses en main, en établissant un périmètre défensif, immédiatement assiégé par les Indiens. La nuit tombe.

Le 26 juin, la colonne du général Terry s'approche de la Little Bighorn. Les Amérindiens lèvent alors leur camp et se dirigent vers « Wood Louse Creek », au pied des monts Bighorn, où ils organisent de grandes fêtes pour célébrer leur victoire. Le 27 juin, les troupes de Terry et Gibbon arrivent, avec une journée de retard, dans la vallée de la Little Bighorn. 389 hommes du régiment, retranchés avec Reno et Benteen, sont relevés. Le 7e régiment de cavalerie dénombre 268 morts : 263 comptés sur le terrain et cinq décédés plus tard, ainsi que 60 blessés. Les Indiens victorieux dénombreraient environ 200 morts et 200 blessés, selon les comptages réalisés à partir de l'étude des témoignages amérindiens.

Conséquences : la fin des Sioux

En 1876, le budget de la Défense est menacé par le Congrès. Évoquer la trahison de Little Bighorn serait dévastateur pour l'image de l'armée. En revanche, en insistant sur des forces indiennes surarmées, qui auraient vaincu un régiment mal équipé, le général Sherman culpabilise les sénateurs et emporte le vote. Le *lieutenant-general* Nelson Miles, qui deviendra commandant en chef de l'armée américaine en 1895, estime que Custer n'espérait pas vaincre les Indiens avec ses seules cinq compagnies. À l'inverse, les Indiens n'étaient pas en mesure de vaincre 12 compagnies du

7e régiment de cavalerie sous le commandement de Custer. Une fois les cinq compagnies de Custer anéanties, les Indiens n'ont pu ni déloger ni vaincre les troupes de Reno et Benteen, ce qui indique que les forces militaires auraient été capables de vaincre les Indiens si elles avaient agi de concert. Du reste, entre 1868 et 1878, l'armée américaine a mené 19 attaques contre des villages indiens. Une seule n'a pas réussi : celle de Reno.

Sitting Bull abandonne

Après la bataille de Little Bighorn, le grand village des Sioux et Cheyenne s'éparpille. L'opinion publique choquée exige que les « tueurs de Custer » soient punis, et des effectifs très importants arrivent dans le Missouri. Tout au long de l'été, les colonnes de Terry et Crook traquent les « hostiles » sans parvenir à les engager. Cependant, à l'automne, beaucoup de fugitifs, fatigués de la poursuite, déposent les armes et se rendent aux agences des affaires indiennes. Les irréductibles connaissent des mois d'insécurité, les troupes continuant à les pourchasser, attaquant les villages de tipis endormis à l'aube. À l'approche du printemps 1877, des centaines abandonnent. Crazy Horse lui-même se rend avec plus de 1 100 Sioux le 6 mai. Seul Sitting Bull et quelque 400 Sioux Hunkpapa se réfugient au Canada. Mais, privés des troupeaux de bisons exterminés par les Blancs, sur lesquels reposait leur mode de vie, les Sioux repassent la frontière par groupes et se rendent. En juillet 1881, Sitting Bull et 43 familles abandonnent la résistance. Leur succès à la Little Bighorn cinq ans plus tôt n'a pas pu entraver une évolution historique trop lourde.

Trouver un responsable à la catastrophe de la Little Bighorn était indispensable, et la thèse de la responsabilité de Custer est propagée par le major Reno, et surtout le capitaine Benteen, lors de la commission d'enquête créée pour trouver une explication à la catastrophe. Leur but est évidemment de se dédouaner de ne pas avoir tenté de se porter au secours de leur supérieur. Custer suscitait l'admiration comme la haine, et leur thèse s'est peu à peu imposée. Custer, héros national, a connu une dégradation irréversible de son image. On lui reproche d'avoir entraîné ses hommes dans une embuscade. En réalité, c'est le 7e de cavalerie qui a attaqué par surprise le village indien de Sitting Bull et Crazy Horse. On lui reproche encore d'avoir séparé ses troupes en trois groupes. Or, la séparation des forces relevait d'une tactique maintes fois éprouvée, incontournable pour prendre les Indiens par surprise et leur éviter de pouvoir s'échapper, l'objectif étant de les ramener dans les réserves. Une chose est sûre cependant : si Custer a commis une erreur, c'est d'avoir fait confiance à ses subordonnés, le capitaine Benteen et le major Reno, qui l'ont trahi et l'ont laissé se faire massacrer en désobéissant aux ordres, l'un par haine de son supérieur, l'autre par incompétence et ivrognerie. Encore une fois, la mésentente entre les chefs est une composante essentielle de la défaite.

Little Bighorn au cinéma

• *La Charge fantastique* (*They Died with Their Boots On*) de Raoul Walsh (1941). Custer est interprété par Errol Flynn, sa femme Elizabeth par Olivia de Havilland, et Crazy Horse par Anthony Quinn. Cette biographie romancée, tournée en noir et blanc, prend des libertés considérables avec la réalité. Les circonstances et les caractères de la bataille sont fantaisistes, mais la dénonciation des affairistes est efficace.

• *Little Big Man* d'Arthur Penn (1970) (*op. cit.*). Richard Mulligan, un acteur comique venu de la télévision, interprète le rôle de Custer, le personnage principal étant interprété par Dustin Hoffman. Au travers de la conquête de l'Ouest, il s'agit en fait de dénoncer l'impérialisme américain et la guerre du Vietnam. Custer y est représenté comme un dandy ridicule, dévoré par l'ambition, raciste et incompétent. Le rôle du film dans l'évolution des représentations de Custer est capital.

• *Touche pas à la femme blanche* de Marco Ferreri, 1974. Tourné dans le Trou des Halles, ce film burlesque est une farce délirante doublée d'une satire politique. Custer y est interprété par Marcello Mastroianni, aux côtés de Catherine Deneuve, Philippe Noiret, Ugo Tognazzi, Serge Reggiani, et Michel Piccoli dans le rôle de Buffalo Bill.

Isandlwana (Afrique du Sud, 1879)

L'*impi* zoulou balaie l'armée britannique

Les guerres coloniales n'ont pas toujours été des promenades militaires pour les armées européennes. Pendant la guerre anglo-zouloue, la bataille d'Isandlwana constitue une défaite britannique majeure, que l'historiographie officielle a tenté d'effacer à travers la célébration de l'engagement secondaire de Rorke's Drift, qui eut lieu quelques heures après.

La bataille d'Isandlwana[1], livrée le 22 janvier 1879 en Afrique du Sud, s'est soldée par l'une des plus grandes défaites britanniques pendant les innombrables guerres coloniales menées par la couronne. Au pied d'une colline à la forme caractéristique, une armée de plus de 20 000 Zoulous balaie cinq compagnies du 24e régiment d'infanterie britannique, ainsi qu'un contingent de volontaires du Natal et des auxiliaires Basotho, soit 1 700 hommes environ, sous les ordres du colonel Durnford et du lieutenant-colonel Pulleine, qui périssent tous les deux dans la bataille.

1. On trouve également la transcription de ce nom sous les formes Isandhlwana ou Isandula.

Situation géopolitique générale : la puissance de l'Angleterre victorienne

En 1879, la reine Victoria est dans la 42e année de son règne. La colonie du Cap, fondée en 1652 par la Compagnie hollandaise des Indes orientales à la pointe sud de l'Afrique, était une station de relais pour les navires effectuant le voyage entre les Provinces-Unies et les Indes orientales néerlandaises, aujourd'hui l'Indonésie. Elle avait été annexée par le Royaume-Uni en 1806. L'immigration britannique commence dans les années 1820 et mécontente les Boers ou Afrikaners, descendants des colons hollandais, qui fondent à la fin des années 1830 des républiques indépendantes à la suite du Grand Trek vers le nord. Au cours de leur migration, ils s'opposent aux Britanniques, qui ont leur propre politique d'expansion coloniale en Afrique du Sud, ainsi qu'aux nations basotho ou zouloue. Finalement, les Boers établissent deux républiques : la République sud-africaine du Transvaal (1852-1902) et l'État libre d'Orange (1854-1902), qui seront annexés par les Britanniques à la suite de la Seconde Guerre des Boers, qui fait rage de 1899 à 1902. Pendant ces guerres, les courants progressistes du monde entier considèrent les Afrikaners comme des fermiers épris de liberté, qui combattent pour leur indépendance contre les appétits impérialistes de la plus grande puissance mondiale. L'image des Afrikaners dans l'opinion internationale changera du tout au tout, lorsqu'ils mettront en place, au milieu du XXe siècle, la politique de l'Apartheid.

Trouver des prétextes

Nous n'en sommes pas encore là. À partir de la fin des années 1860 et la découverte de diamants à Kimberley, le gouvernement de sa gracieuse majesté redouble d'intérêt pour la région. En 1877, Sir Henry Bartle Frere arrive au Cap en tant que haut-commissaire pour les possessions britanniques d'Afrique du Sud. Sa mission ? Réunir les colonies britanniques, les républiques boers et les royaumes africains dans une confédération unique dirigée par le gouvernement du Royaume-Uni. Le royaume zoulou, principal royaume indigène fondé par le roi Shaka au début du XIXe siècle, est un État militaire agressif qui a conquis les royaumes voisins et dispose d'une organisation solide avec service militaire obligatoire et régiments formés par classes d'âges.

Bartle Frere mène dès lors une politique agressive à l'encontre du royaume zoulou dirigé par le roi Cetswayo kaMpande[1], cherchant l'affrontement. Or, le Royaume-Uni est déjà engagé en Afghanistan dans une guerre difficile – comme toutes les guerres menées dans ce pays depuis Alexandre le Grand, au IVe siècle avant J.C., jusqu'à l'intervention occidentale de 2003 –, et le gouvernement est favorable à la négociation avec les Zoulous. Bartle Frere estime que les troupes dont il dispose sont suffisantes pour remporter l'épreuve de force, et recherche un prétexte pour la provoquer. En juillet 1878, un incident frontalier en fournit un. Au même moment, les fils d'un notable zoulou, le chef Sihayo, fidèle de Cetswayo le souverain zoulou, violant les frontières du Natal voisin, enlèvent deux femmes en fuite qui s'y étaient réfugiées et les fait exécuter. Le roi Cetswayo s'excuse de l'acte irréfléchi de ses sujets, fait juger les coupables selon les lois zouloues et propose un dédommagement. Par ailleurs, deux jeunes blancs égarés en territoire zoulou sont molestés – sans toutefois être blessés – par des gardes-frontières. Ces prétextes sont

1. On trouve également l'orthographe Cetshwayo et Cetsawayo.

utilisés par Bartle Frere qui envoie un ultimatum à Cetswayo le 11 décembre. Il exige la livraison des fils de Sihayo, le paiement d'une importante rançon, le désarmement de l'armée zouloue, l'autorisation faite aux hommes de se marier sans passer par le service militaire, l'ouverture du Zululand aux missionnaires, la rectification des frontières avec le Natal, ainsi que l'accueil d'un résident britannique, avec voix au grand conseil de la nation zouloue. Cela signifie la vassalisation complète du Zululand, mais également la destruction de ses structures sociales. Bartle Frere donne 30 jours à Cetshwayo, en précisant que tout refus sera assimilé à un *casus belli*. L'ultimatum reste sans réponse.

Avant la bataille, opérations stratégiques : une invasion en trois colonnes

L'armée d'invasion britannique compte environ 13 000 hommes : 5 000 réguliers, 2 000 volontaires à cheval, 6 000 auxiliaires indigènes. À l'aube du 11 janvier 1879, les premières unités pénètrent en territoire zoulou. Cette armée est placée sous le commandement du général Frederic Thesiger, second baron de Chelmsford, dont la stratégie est simple : attaquer Ulundi, la capitale zouloue et prendre le kraal royal. Ce mot afrikaans dérive du portugais *curral*, c'est-à-dire « enclos ». Il s'agit à l'origine d'un hameau de forme ovale ou circulaire, organisé selon une structure sociale stricte. Les kraals étaient généralement entourés d'un rempart d'épines. À la différence des kraals purement civils, le kraal royal est une construction militaire entourée d'une palissade de poteaux robustes.

Pour mener à bien ces objectifs, Chelmsford décide de lancer son offensive sur trois colonnes. À l'aile droite, une première colonne commandée par le colonel Pearson, doit franchir la Tugela, établir un camp provisoire, puis lancer des reconnaissances sur la route d'Ulundi. Au centre, la colonne principale commandée par Chelmsford en personne, assisté du colonel Glyn, campe à Rorke's Drift, et doit se diriger directement sur Ulundi. À gauche, la colonne du colonel Wood doit traverser la rivière Ncome, un affluent de la Tulega également appelé Blood River, depuis une bataille sanglante entre les Boers et les Zoulous en 1838. Cette bataille est intéressante, car les Boers, en dépit de leur infériorité numérique, ont pu résister grâce à la formation en *laager*, leurs chariots ayant été rassemblés en un cercle défensif.

Par ailleurs, pour protéger ses arrières, Chelmsford confie au colonel Durnford une quatrième colonne de réserve au Natal, près de la côte, dont la mission est d'assurer la surveillance de la frontière pour prévenir toute éventualité. Durnford est à la tête d'un contingent de troupes indigènes, notamment le *Natal Native Horse*, une troupe de cavaliers équipés à l'européenne et armés d'un fusil moderne, et un détachement du 1er régiment des *Natal Native Contingent*, équipés de leurs armes traditionnelles, un ruban de tête rouge permettant de les différencier des guerriers zoulous – un sur 10 seulement étant armé d'un vieux mousquet. Une cinquième colonne, commandée par le colonel Rowlands, s'installe au nord, à Luneburg au Transvaal, annexé depuis 1877, pour prévenir une offensive zouloue, mais surtout pour dissuader toute agitation chez les Afrikaners.

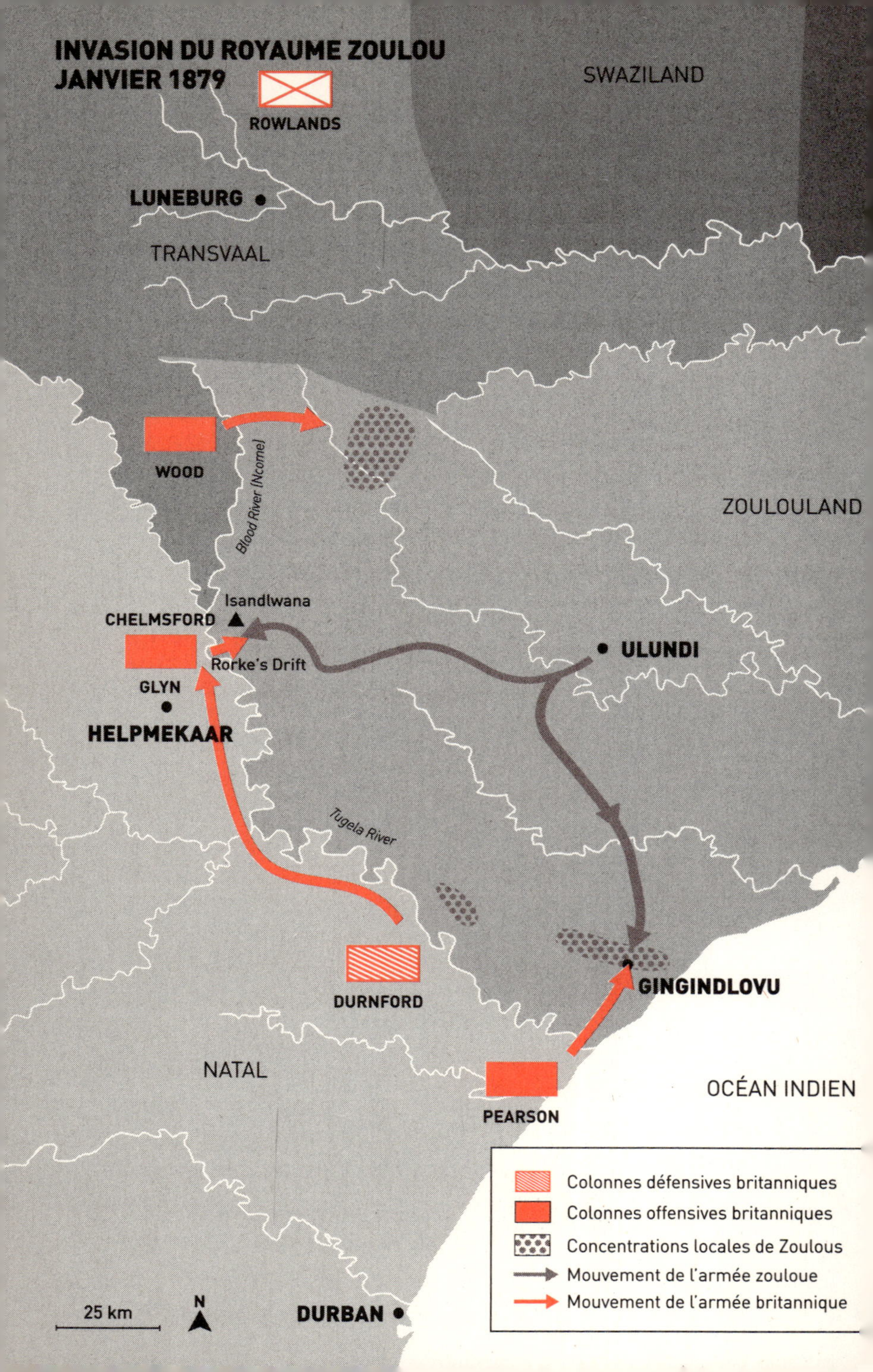
INVASION DU ROYAUME ZOULOU
JANVIER 1879
ROWLANDS
SWAZILAND
LUNEBURG
TRANSVAAL
WOOD
Blood River (Ncome)
ZOULOULAND
Isandlwana
CHELMSFORD
Rorke's Drift
GLYN
ULUNDI
HELPMEKAAR
Tugela River
DURNFORD
GINGINDLOVU
NATAL
PEARSON
OCÉAN INDIEN
Colonnes défensives britanniques
Colonnes offensives britanniques
Concentrations locales de Zoulous
Mouvement de l'armée zouloue
Mouvement de l'armée britannique
25 km
N
DURBAN

Anthony Durnford, le colonel disgracié

Né en Irlande en 1830 dans une famille de militaires, il entre à l'Académie royale militaire de Woolwich. Il est nommé sous-lieutenant dans les Royal Engineers en 1848. Il ne participe pas aux grands conflits de la guerre de Crimée ni à la révolte des Cipayes en Inde (*The Great Mutiny*), servant respectivement à Malte et en Angleterre à ces périodes. En 1871, il est nommé en Afrique du Sud. Il participe à l'expédition contre les Hlubis, un peuple révolté contre la domination britannique, lors de laquelle il est blessé, ce qui lui laissera une paralysie définitive de l'avant-bras et de la main gauches.

Désormais lieutenant-colonel, Durnford est apprécié, mais il semble que son fort caractère le fasse prendre en grippe par le *lieutenant-general* Frederic Augustus Thesiger, qui arrive en poste en 1877. Pendant la guerre anglo-zouloue, ce dernier, devenu Lord Chelmsford en 1878, le laisse à la garde de la frontière que les Britanniques viennent de franchir. Il lui envoie ensuite l'ordre de faire mouvement vers la mission de Rorke's Drift, puis d'aller renforcer la défense du camp d'Isandlwana. Il est tué lors de la bataille.

La montagne en forme de bœuf

Cetswayo, qui a tout fait pour éviter la guerre, parfaitement conscient de la supériorité militaire des Britanniques, est bien obligé d'envoyer son armée au-devant de l'envahisseur, mais lui interdit de pénétrer au Natal, soucieux de prouver son absence d'intention agressive. L'effort principal de son armée, dont il donne le commandement au chef Ntshingwayo kaMahole Khoza, porte sur la colonne du centre du dispositif britannique, la plus puissante et la plus dangereuse, tandis que la marche des deux autres colonnes doit être ralentie par des attaques de harcèlement menées par les guerriers résidant dans les régions qu'elles traversent.

Dès le 12 janvier, la première escarmouche est livrée. La route empruntée par la colonne centrale suit la vallée de la Batshe, fief de Sihayo, dont les fils sont à l'origine des incidents ayant servi de prétexte à l'ultimatum du 11 décembre. Le village de Sihayo est attaqué par les cavaliers du Natal Native Contingent. Ils sont repoussés, et Chelmsford lance alors un assaut d'infanterie appuyé par les cavaliers, et emporte la place. Une centaine de Zoulous sont tués ou blessés lors des affrontements, alors que le Natal Native Contingent perd deux hommes et compte une douzaine de blessés. Encore une fois, comme lors des guerres indiennes, l'armement moderne et la discipline militaire donnent un caractère totalement asymétrique au résultat du combat malgré l'avantage du terrain dont disposaient les Zoulous.

Les Britanniques sont donc convaincus que la victoire sera aisée. Mais l'avance de la colonne est suspendue et elle retourne à Rorke's Drift. Les pluies de décembre ont en effet détrempé le sol, et la progression est presque impossible pour les lourds chariots et le train d'artillerie. Les troupes du génie doivent préparer des passages guéables pour permettre à l'armée de franchir les rivières. Le 20 janvier au matin, Chelmsford donne l'ordre du départ ; l'armée se remet en route et arrive dans l'après-midi à Isandlwana, « la montagne en forme de bœuf », un promontoire de grès au pied duquel elle établit son camp.

Lord Chelmsford, le responsable du désastre

Frederic Augustus Thesiger, deuxième baron Chelmsford après le décès de son père en 1878, est né en 1827. Après des études à Eton, la *public school* de l'élite britannique, il entre à 17 ans dans la carrière militaire, et par le jeu des achats de brevets devient très vite lieutenant, puis capitaine à 23 ans. Il poursuit sa carrière comme aide de camp en Irlande, et part pour la Crimée en mai 1855, où il sert essentiellement à l'état-major et poursuivra sa carrière dans l'administration des armées. Il sert aux Indes, où il devient en 1863 colonel, puis participe à l'expédition britannique en Éthiopie (1868), à l'issue de laquelle il est nommé compagnon de l'ordre du Bain. De retour en Angleterre, il est nommé *brigadier-general* (général de brigade), puis *major-general* (général de division). Il est nommé en février 1877 à la tête des forces britanniques en Afrique du Sud, avec le grade de *lieutenant-general* (général de corps d'armée). En octobre 1878, son père décède et il lui succède comme deuxième baron Chelmsford. Après la défaite d'Isandlwana, qui lui est largement imputable, il est remplacé par Sir Garnet Wolseley, auréolé de ses victoires contre l'empire ashanti, dans le Ghana actuel. Mais Chelmsford veut absolument en finir avec les Zoulous avant que son successeur n'arrive au Natal. Dès le mois de juin 1879, il lance une nouvelle expédition, avec cette fois 16 000 Britanniques et 7 000 soldats indigènes, 600 chariots, 8 000 bœufs de trait, de l'artillerie et des mitrailleuses Gatling. Lors d'une mission de reconnaissance, le prince Louis-Napoléon Bonaparte, fils de l'ex-empereur Napoléon III, qui servait dans l'armée britannique, est tué par les Zoulous.

Chelmsford refuse les propositions de paix de Cetswayo et ignore les messages comminatoires de Wolseley, lui enjoignant de surseoir à toute action d'envergure. Il écrase les Zoulous à la bataille d'Ulundi, le 4 juillet 1879, incendie leur capitale et transmet enfin ses pouvoirs à Sir Garnet Wolseley le 15 juillet. Cette victoire finale ne peut rétablir l'image dégradée de Chelmsford. À son retour en Angleterre, le Premier ministre

Gladstone, qui vient de succéder à Disraeli, refuse de le recevoir (il sera finalement reçu quelques instants à la demande de la reine Victoria). Il décède en 1905.

Une faute majeure

Le campement est dressé sur une pente douce, face à la direction d'Ulundi, devant la montagne, sur un site découvert qui offre une excellente visibilité. Mais vers le nord et l'est, le site est entouré d'une chaîne de montagnes qui obstrue la vue vers la droite du camp. Les assaillants éventuels pourront cheminer sans être aperçus pendant leur approche. Le camp est un vaste champ de tentes dépourvu de la moindre fortification. Le sol rocailleux où les affleurements rocheux sont nombreux ne permet pas de creuser de tranchées, mais surtout, les chariots sont parqués dans un col à proximité au lieu d'être disposés en cercle, autour du bivouac, selon la technique éprouvée du *laager*, ce qui constitue une faute majeure.

Circle the wagons !

Le *laager* désigne les chariots mis en cercle pour former le campement des colons hollandais en Afrique du Sud. Pendant le Grand Trek, cette formation défensive avait prouvé à maintes reprises son efficacité, et il est difficilement compréhensible qu'elle n'ait pas été adoptée à Isandlwana, ni par Chemlsford, ni – après le départ de ce dernier – par Pulleine. Plus précisément, pendant la bataille de Blood River (1838) 15 000 Zoulous ne parvinrent pas à déloger 500 Boers, la bataille se transformant en hécatombe pour les Zoulous, contre quelques blessés chez les Boers. Un monument en bronze figurant ce cercle de chariots commémore aujourd'hui le lieu de la bataille.

Cette formation est en réalité de toutes les époques et de tous les lieux. On en trouve trace en Chine, et les peuples germains y avaient souvent recours, selon les historiens romains. Les paysans hussites, au début du XVe siècle, résistaient aux charges des chevaliers catholiques en s'abritant derrière des « murs de wagons » (*vozová hradba*, ou en allemand *Wagenburg*, « château de wagons »), spécialement conçus dans ce but, et qui s'avérèrent absolument imprenables lors des nombreuses batailles où ils furent employés. Les armées polonaises l'utilisaient contre les Cosaques sous le nom de *tabor*, tout à la fois camp, bagage et train des équipages. Et bien sûr, cette formation appartient également à l'imagerie du Western, sous le nom de *corral*. Les immigrants cheminant vers l'ouest, en territoire indien hostile, formaient chaque soir le cercle des fameux wagons Conestoga. L'expression *"circle the wagons"* est depuis devenue proverbiale et désigne le fait de se préparer à essuyer des critiques. Bref, cette formation est parfaitement connue : ne pas y recourir est une faute inexcusable, qui ne peut s'expliquer que par une mésestimation aveugle de l'adversaire.

Déroulement de la bataille : le jour de la lune morte

Le 22 janvier, des éclaireurs repèrent des forces zouloues dans les collines situées à l'est du camp. Très tôt dans la matinée, Chelmsford part avec 3 000 hommes à leur rencontre. Le gros des forces ennemies qu'il recherche sur son flanc droit, à environ 13 kilomètres à l'est du camp, est en fait positionné sur son flanc gauche, à seulement 5 kilomètres d'Isandlwana, caché dans les hauteurs des monts Nqutu. Chelmsford confie le commandement du camp au lieutenant-colonel Pulleine, malgré son manque d'expérience au feu. Avant son départ, il envoie un message au colonel Durnford pour lui demander de rallier Isandlwana au plus tôt, avec sa colonne de 400 recrues indigènes peu entraînées. Les ordres donnés sont vagues, et il semble que Chelmsford ait surtout désiré restreindre l'autonomie de Durnford en intégrant ses troupes dans la colonne principale, car quelques jours plus tôt, ce dernier avait entrepris de sa propre initiative une reconnaissance en terrain ennemi.

Manque de coordination

Peu après le départ de Chelmsford, plusieurs centaines de Zoulous apparaissent à proximité du camp. Ils se contentent d'observer, et se retirent tandis que Pulleine met ses hommes en alerte. Plusieurs patrouilles rapportent la présence de troupes de Zoulous comptant plusieurs milliers d'hommes. Pulleine envoie une estafette à Chelmsford pour l'en prévenir, et le message est reçu entre 9 heures et 10 heures.

Durnford arrive vers 10 heures du matin avec sa colonne. Il y a désormais un effectif d'environ 1 800 hommes à Isandlwana. Durnford s'attendait sans doute à trouver sur place des ordres plus explicites, mais son attente est déçue. L'absence de directives claires et le manque de coordination entre les deux officiers supérieurs vont probablement ajouter une cause de plus au désastre en préparation : Henry Pulleine, qui s'est vu confier le commandement du camp, n'est que *brevet lieutenant-colonel* (capitaine faisant fonction de lieutenant-colonel), alors qu'Anthony Durnford, qui vient d'arriver, est *full rank lieutenant-colonel*, et devrait donc logiquement prendre le commandement, mais il valide les dispositions de Pulleine. Considérant que les Zoulous aperçus peuvent constituer une menace pour le camp comme pour les arrières de la colonne de Chelmsford, il décide de partir avec ses 400 cavaliers en reconnaissance. Pulleine, s'estimant investi de la garde du camp, refuse de renforcer les effectifs de Durnford avec des troupes de la garnison.

Les lieutenants Raw et Roberts, avec deux escadrons du Natal Native Horse, sont détachés pour explorer le sommet d'une crête dominant le camp, deux kilomètres au nord d'Isandlwana. Arrivés au sommet, ils débouchent sur un plateau herbeux, où ils constatent la présence de groupes épars de guerriers et de jeunes garçons surveillant de petits troupeaux de bœufs, qui prennent la fuite à leur vue. Les cavaliers se lancent à leur poursuite, et arrivés au bord du plateau s'arrêtent net : en contrebas, une armée de plus de 20 000 guerriers attend en ordre de bataille. Les stratèges zoulous ont réussi un mouvement parfait pour tourner l'armée d'invasion : Chelmsford a désormais la force ennemie dans son dos.

Henry Pulleine, l'organisateur dépassé

Pulleine, fils de pasteur, est né dans le Yorkshire en 1838. Contrairement à beaucoup d'officiers de l'époque victorienne, il devient officier en 1855 après avoir obtenu son diplôme de Sandhurst, et non après avoir acheté son grade. En 1858, il est muté au 2e bataillon du 24e régiment en tant que lieutenant et promu capitaine en 1861. En 1871, il est envoyé en Afrique du Sud. Il est alors sans aucune expérience du combat. Pendant la guerre contre les Xhosa dans la province du Cap, il est chargé de lever des troupes irrégulières parmi les populations d'origine européenne et d'organiser la logistique. Au début de la guerre anglo-zouloue, le 11 janvier 1879, Pulleine commande toujours le dépôt de secours de Pietermaritzburg et ne rejoint son régiment que le 17. Il n'a jamais été établi avec certitude où et quand Pulleine est mort sur le champ de bataille. Son corps n'a jamais été identifié de manière sûre.

BATAILLE D'ISANDLWANA

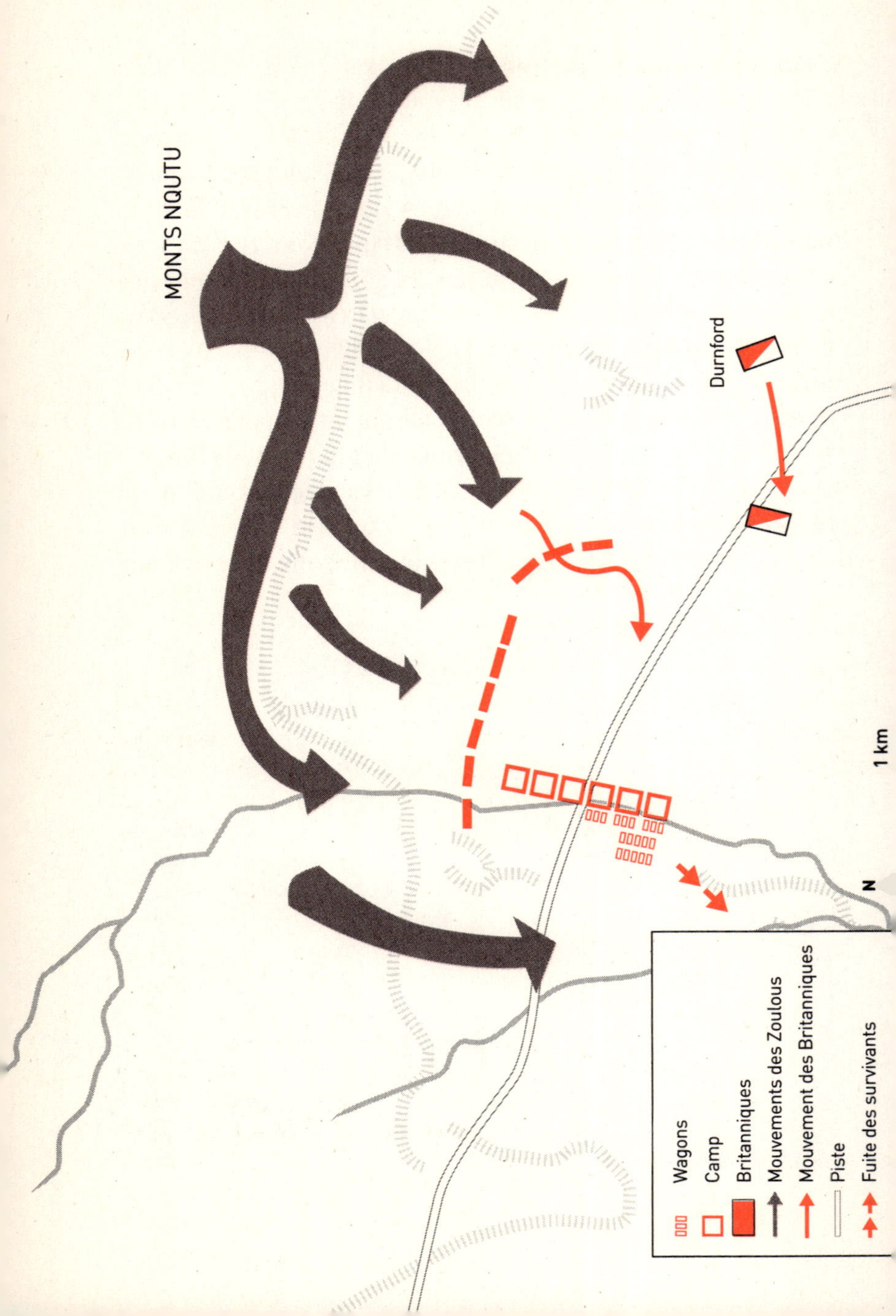

L'armée zouloue progresse

Une fois découvert, l'*impi*[1] zoulou se lance immédiatement à l'attaque, en adoptant sa formation traditionnelle en tête de buffle : la partie centrale, la poitrine, concentre les régiments les plus aguerris, les deux cornes, qui comportent les régiments des classes d'âge plus jeunes et plus rapides, visent à déborder et encercler l'ennemi. Les reins, derrière le centre, forment la réserve. Pulleine envoie d'abord une, puis l'ensemble des six compagnies du 24e régiment d'infanterie se poster pour former une ligne de tir en avant du camp, afin de stopper le front de l'attaque zouloue. Durnford, après confrontation avec l'attaque centrale, se replie vers une ravine asséchée, sur le flanc droit britannique, et constitue une ligne de défense. La batterie de fusées dont il dispose, qui n'avait pas été positionnée derrière les troupes, est isolée et doit battre en retraite.

Le dispositif britannique discipliné semble tenir, infligeant de lourdes pertes à l'attaque centrale, qui faiblit puis s'arrête. Les tirs d'artillerie forcent certains régiments zoulous à se protéger derrière une colline. Le moral reste haut dans les rangs britanniques. Des soldats bien entraînés peuvent tirer 10 à 12 coups par minute avec le fusil Martini-Henry[2]. Si en pratique

1. *Impi* est un mot zoulou désignant une troupe d'hommes armés. En Occident, le terme est souvent utilisé comme synonyme d'armée zouloue, formée de régiments ou *ibutho*.
2. Le fusil Martini-Henry fut adopté par l'armée britannique en 1871, et il est resté en service jusqu'au début du XXe siècle. C'est l'arme mythique de l'ère victorienne. Le Martini-Henry, ou *Tini*, est au *British Empire* ce que l'AK-47 Kalashnikov est aux guérillas d'inspiration marxiste de la guerre froide.

cette cadence n'est pas atteinte, cela signifie que même avec une cadence moitié moindre, les 70 cartouches emportées par les soldats pour se rendre sur la ligne de feu sont épuisées au bout d'un quart d'heure. De fait, après une vingtaine de minutes, Pulleine resserre un peu le dispositif, rapprochant la ligne de tir du camp. Certains historiens soulignent que les caisses de munition contenant les paquets de cartouches étaient vissées, les vis rouillées, que les tournevis manquaient, que le règlement prévoyait qu'aucune caisse ne devait être ouverte tant que la précédente n'était pas vide. Les témoignages de première main sont parfois contradictoires sur ce point. Il est vraisemblable cependant que les hommes de Durnford, qui tenaient le flanc droit et qui étaient restés au combat plus longtemps, se sont retrouvés à court de munitions, ralentissant la cadence de tir. La corne gauche de l'armée zouloue progresse pour déborder et encercler le flanc droit britannique. Pulleine replie ses troupes vers le camp, en ordre, mais le retrait précipité du dispositif droit britannique laisse la 2e compagnie du 24e régiment prise au piège, et elle est rapidement emportée.

Sous les coups des *iklwas*

Le feu faiblissant, les Zoulous qui se trouvent face au centre, plaqués au sol, bondissent sur leurs pieds et chargent. Une brèche se forme dans la ligne anglaise, les guerriers s'y engouffrent, et certaines compagnies sont anéanties sous les coups des *iklwas,* les fameuses sagaies zouloues, dont la hampe est raccourcie et la lame élargie, transformant cette arme de jet en arme d'hast, redoutable dans le combat corps à corps. À 14 heures 29, une éclipse solaire se produit, et il semble que le combat cesse alors, faute de combattants britanniques – selon les témoignages d'un officier des forces de Chelmsford, qui observe le combat à plusieurs kilomètres de distance. Le nom zoulou de la bataille, *usuku lwenyanga efile*, signifie « le jour de la lune morte ». En tout cas, les spectateurs britanniques situés à plusieurs kilomètres de distance ne voient plus les éclairs des coups de feu, mais des corps à corps sauvages continuent un moment, *iklwa* contre baïonnettes et crosses maniées en moulinet.

La présence d'un grand nombre de corps britanniques regroupés suggère que la résistance s'est prolongée avec plusieurs carrés, certains rassemblant plusieurs dizaines d'hommes. Les guerriers zoulous avaient reçu comme instruction de s'attaquer en priorité aux « tuniques rouges », ce qui explique que des civils, mais aussi quelques artilleurs et officiers portant des uniformes bleu foncé, le *blue patrol jacket* et non le *red coat*, réussirent à s'échapper. C'est par exemple le cas d'Horace Smith-Dorrien[1], dont le témoignage mettra l'accent sur les difficultés d'ouverture des caisses de munition. Parmi les survivants, on compte aussi des auxiliaires indigènes, beaucoup ayant quitté leurs uniformes pour se fondre dans la masse des assaillants.

Des corps entassés

Le soir, Chelmsford, qui a finalement consenti à faire demi-tour, arrive avec sa troupe et trouve un camp ravagé et des centaines de corps mutilés et déshabillés. Il porte

1. Sir Horace Lockwood Smith-Dorrien sera adjoint du maréchal John French à la tête du *BEF* (*British Expeditionnary Force*) pendant la Première Guerre mondiale.

l'entière responsabilité de la défaite pour trois raisons principales : avoir séparé ses forces ; ne pas avoir employé comme éclaireurs les contingents locaux, laissés en arrière, ce qui a permis à l'*impi* de le tourner ; ne pas avoir installé le camp en *laager*. Une quatrième raison, surplombant toutes les autres, est qu'il a totalement mésestimé la puissance, l'organisation et la capacité manœuvrière de l'adversaire. Il fait camper son armée à proximité, puis se replie sur Rorke's Drift, sans même donner une sépulture aux corps entassés, partant avant l'aube, considérant que la relève des corps serait une épreuve néfaste pour le moral des troupes.

Quelque 1 000 fusils Martini-Henry, deux canons, environ 400 000 cartouches, trois drapeaux, la plupart des 2 000 animaux de trait et 130 chariots, du ravitaillement en boîtes de conserve, des biscuits, de la bière, des vestes et des tentes furent emportés par les Zoulous ou abandonnés sur le terrain. 1 300 soldats britanniques ont perdu la vie. Les Zoulous déplorent au moins autant de morts et un nombre inconnu de blessés.

Une portion de l'*impi,* le front et les reins de la tête de buffle, soit 3 000 à 4 000 guerriers, se lancent à la poursuite des fugitifs sous le commandement de Dabulamanzi, le demi-frère de Cetswayo. Ils arrivent jusqu'à Rorke's Drift, où la ferme avait été transformée en hôpital et dépôt de vivres et de munitions, située à 16 kilomètres de là. Pendant douze heures, jusqu'au petit matin du 23 janvier, le poste anglais est assailli, mais arrive à résister à trois tentatives successives. La victoire britannique lors de ce combat livré par une compagnie du 24e régiment que Chelmsford avait laissée en arrière pour garder le dépôt, est montée en épingle et permet de sauver quelque peu la face. Des Victoria Cross seront distribuées *larga manu* aux défenseurs.

Conséquences : malgré tout, la fin du royaume zoulou

Après Isandlwana, des modifications seront adoptées et mises en application par les troupes britanniques dès la deuxième campagne de la guerre anglo-zouloue : la formation de combat en ligne espacée, la fameuse *Thin Red Line* popularisée après la bataille de Balaclava, est abandonnée au profit du carré d'infanterie, et les campements seront systématiquement protégés par des cercles de chariots disposés en *laager*, des fossés et des parapets établis.

Si Isandlwana est un succès tactique pour les Zoulous, il s'agit d'une victoire sans lendemain. Dans l'esprit de Cetswayo, elle devait clore la guerre. Dans le public et l'armée britannique, en revanche, cette défaite humiliante fait naître un désir de revanche. C'est avec des troupes fraîches et plus nombreuses, plus d'artillerie, plus de moyens logistiques, mais surtout un esprit nouveau que Lord Chelmsford repart à la conquête du Zululand le 4 juillet 1879. Sa capitale est brûlée, Cetswayo, fait prisonnier, est déposé et envoyé à Londres, sa dynastie abolie et son royaume démembré.

Les prérogatives du haut-commissaire Sir Henry Bartle Frere sont alors réduites, et le début, en décembre 1880, de la Première Guerre des Boers, désastreux pour les Britanniques, va porter un dernier coup à sa carrière.

La bataille au cinéma

• Dans *Zulu Dawn* (*L'Ultime Attaque*) de Douglas Hickox (G.B. 1979), Burt Lancaster joue le rôle du colonel Durnford, et Peter O'Toole celui de Lord Chelmsford. C'est une reconstitution spectaculaire, avec de gros moyens, très convaincante dans la représentation des Zoulous comme des Britanniques. Peter O'Toole est parfait de cynisme et de suffisance. Le personnage de Durnford est sans doute un peu trop angélique.

• Ce film ne doit pas être confondu avec *Zulu* (*Zoulou*) de Cyril Raker Endfield, dit Cy Endfield (G.B., 1964), avec Michael Caine, qui se concentre plus sur le combat de Rorke's Drift. En 1979, Cy Endfield écrit un récit historique, *Zulu Dawn*, qui relate la campagne de 1879. Ce livre servira de base au film de Douglas Hickox, sur lequel Endfield sera coscénariste.

Tsushima (Corée, 1905)

La première défaite de l'Occident moderne face à une puissance asiatique

La bataille navale de Tsushima, un des principaux épisodes de la guerre russo-japonaise, est précédée d'une succession d'erreurs de l'amirauté russe, qui semble irrémédiablement conduire à sa perte la flotte partie de la Baltique. Le combat a un retentissement énorme.

Les historiens, et particulièrement les historiens militaires, doivent se méfier d'une tendance naturelle consistant, une fois que l'on connaît l'aboutissement d'une succession d'événements, à considérer que l'enchaînement des causalités devait *naturellement* conduire à ce résultat. En réalité, rien n'est jamais écrit ni joué d'avance. Pourtant, dans le cas de la bataille de Tsushima, on ne peut s'empêcher de penser que la flotte russe naviguait vers un destin auquel les décisions de l'amirauté l'avaient condamnée, et qu'il était impossible qu'elle s'en sortît victorieusement. Sans reprendre les clichés sur l'*âme russe* et sa prétendue familiarité avec la notion de destin, on ne peut que souligner le fait que, plus encore que la bataille de Cannes présentée au début de ce livre, Tsushima est une de ces batailles inutiles mais inéluctables, livrées pour l'honneur, en pure perte, pour relever le défi presque moral posé par l'adversaire.

De la même façon, lors de l'invasion de la Russie par la Grande Armée en 1812, l'armée russe avait été moralement obligée de livrer une bataille inutile. En septembre, elle n'avait mené, depuis le début de la guerre au mois de juin, que des combats mineurs, à l'exception de celui devant Smolensk, laissant l'envahisseur allonger ses lignes de communication en pratiquant la stratégie de la terre brûlée. Mais l'opinion, c'est-à-dire en réalité la cour impériale, ne pouvait se résoudre à abandonner Moscou à l'ennemi sans combattre. C'est pourquoi Mikhaïl Koutouzov fut contraint de livrer une bataille, celle que les Russes appellent *de Borodino* et les Français *de la Moskova*, qu'il savait inutile. Pendant une journée, les deux armées se massacrèrent l'une l'autre. Finalement, les Russes gardèrent le contrôle du champ de bataille au prix de lourdes pertes. Mais s'ils avaient empêché les Français de passer, ils levèrent le camp dans la nuit. La Grande Armée, saignée à blanc, entra quelques jours plus tard dans Moscou. C'est pourquoi la bataille est considérée comme une victoire par chacune des parties.

Un siècle plus tard, en 1905, la cour impériale et le tsar poussent de la même façon l'amiral Zinovi Rojestvensky à livrer une bataille navale inutile contre le Japon, alors même que la guerre est déjà perdue. L'envoi de la flotte visait à l'origine à dégager Port-Arthur assiégé. Or, lorsque la flotte russe arrive sur zone, la ville est tombée, et la bataille navale n'a plus aucune nécessité stratégique. Elle est absolument inutile : même remportée par les Russes, elle n'eût sans doute rien changé à la suite des événements.

Situation géopolitique générale : le Japon, puissance émergente

L'émergence du Japon comme puissance mondiale au tournant du XXe siècle doit beaucoup à ses efforts pour développer une marine puissante. Dès les années 1870, les Japonais se sont inspirés de la Grande-Bretagne, tant pour la formation des officiers de marine que pour la conception des navires. En 1871, 12 cadets avaient suivi la formation du *Royal Naval College* de Greenwich. Parmi eux, Togo Heihachiro[1], un fils de samouraï, destiné à devenir le plus grand amiral de son pays, parfois surnommé par les Occidentaux « le Nelson japonais ». Il est le créateur de la marine japonaise moderne, l'équivalent d'Alfred von Tirpitz en Allemagne. L'un comme l'autre sont des lecteurs attentifs de l'amiral américain Alfred Thayer Mahan, théoricien de la thalassocratie et du *Sea Power*.

Le contexte général de la guerre russo-japonaise est la course de vitesse entre les deux empires pour le contrôle de la Mandchourie et de la Corée. Le traité de Tianjin signé en 1885 entre la Chine et le Japon garantit une indépendance relative de la Corée. Les troubles qui y surviennent en 1894 offrent le prétexte de l'intervention japonaise. L'armée impériale

1. Au Japon comme en Chine, en Corée ou en Hongrie, le nom de famille précède le nom personnel (notre prénom, qui est donc ici un postnom), c'est pourquoi on trouve parfois dans la littérature Heihachiro Togo, Togo étant ici le nom de famille. Bizarrement, les Occidentaux intègrent cette particularité pour les noms chinois (on dit Mao Zedong et pas Zedong Mao) mais pas pour les noms japonais (on parle en général d'Akira Kurosawa, et non de Kurosawa Akira). Bizarrerie supplémentaire, en Occident, l'usage a plutôt retenu la forme Togo Heihachiro, comme en japonais.

occupe Séoul, provoquant la déclaration de guerre de la Chine au Japon. La victoire japonaise est rapide. En 1895, le traité de Shimonoseki la confirme, et le Japon prend le contrôle de la presqu'île du Liaodong, un territoire chinois au sud de la Mandchourie où se trouve Port-Arthur. Les Russes, mécontents des avancées japonaises, et soutenus par l'Empire allemand et la France, font pression sur le Japon pour qu'il cède Port-Arthur, dont le nom chinois est Lüshunkou, en échange d'indemnités. Dans les années qui suivent, la présence russe en Corée et en Mandchourie se renforce : construction du Transmandchourien d'Irkoutsk à Vladivostok qui prolonge le Transsibérien (1896), concession d'exploitation de la péninsule de Liaodong accordée par la Chine à la Russie (1898), protectorat de la Mandchourie obtenue par la Russie après l'écrasement de la révolte des Boxers chinois (1900).

Pour faire face à ce qu'il considère comme une dangereuse menace, le Japon quadruple son budget militaire et fait de sa flotte la première marine régionale. En octobre 1903, les Russes exigent des Chinois de nouveaux avantages et suspendent l'évacuation de leurs troupes de Mandchourie. C'en est trop pour le Japon, qui adresse le 13 janvier 1904 un ultimatum à la Russie au sujet de la Mandchourie.

Le *Sea Power* et l'influence de Mahan

Alfred Thayer Mahan (1840-1914) est un officier de marine, historien et stratège américain reconnu pour son influence sur la doctrine maritime des États-Unis, mais également de l'Allemagne et du Japon, deux autres puissances montantes à la fin du XIXe siècle. Né à Westpoint, où son père enseigne à l'académie militaire, il fait toute sa carrière comme officier de marine dans les forces navales américaines, et prend sa retraite en 1906 comme contre-amiral (*Rear Admiral*). Ses deux livres (*The Influence of Sea Power Upon History, 1660- 1783*, et *The Influence of Sea Power Upon the French Revolution and Empire, 1793-1812*), parus respectivement en 1890 et 1892, lui apportent la célébrité mondiale. Leur lecture devient obligatoire dans la formation des officiers de marine en Allemagne et au Japon, où son influence contribue au développement de marines de guerre de premier rang. Théoricien de la thalassocratie (le *Sea Power*), Mahan y explique que la domination britannique, première puissance mondiale de son temps, repose sur la combinaison de différents éléments : un commerce extérieur opéré par une marine marchande importante, une marine de guerre puissante défendant les routes commerciales, un réseau de bases navales où les navires peuvent se ravitailler, et un empire fournissant les matières premières ainsi qu'un marché de consommation pour les produits fabriqués en métropole. Les puissances disposant d'accès direct aux mers libres, comme la Grande-Bretagne, les États-Unis ou le Japon, possèdent un potentiel de puissance supérieur à celles n'ayant qu'un accès limité à la mer, comme l'Allemagne ou la Russie. Selon ces vues, l'aventure russe vers Tsushima est un non-sens géopolitique absolu.

Avant la bataille, opérations stratégiques : la flotte russe fait le tour du monde

N'ayant pas obtenu de réponse à son ultimatum et sans déclaration de guerre préalable, comme il le fera en 1941 à Pearl Harbour, le Japon attaque la flotte russe à Port-Arthur la nuit du 8 février 1904. L'empereur du Japon ne déclarera la guerre que le 10 février. Deux cuirassés et un croiseur sont torpillés. Dès lors, les Japonais dominent les routes maritimes et peuvent transporter leur armée en Corée et dans le sud de la Mandchourie, en bloquant la flotte russe à Port-Arthur. Le 10 août, celle-ci tente de rompre le blocus, mais subit une lourde défaite à la bataille de la mer Jaune. Les restes de la flotte retournent au port et ne joueront plus de rôle dans la suite des hostilités.

Cependant, les Russes ne s'avouent pas vaincus et ne cherchent pas à négocier, contrairement à toute attente. Au contraire, ils se persuadent que la solution viendra de la flotte de la Baltique, qui, par la route la plus rapide à l'époque, est distante de 18 000 milles, soit 33 000 kilomètres environ ! L'amiral Zinovi Rojestvensky, commandant la flotte du Nord, se voit donc confier l'ingrate et périlleuse mission d'effectuer le tour du monde pour aller défier un ennemi qui vient de vaincre une escadre plus puissante que la sienne.

Le problème le plus grave auquel Rojestvensky doit faire face est celui du ravitaillement : la Russie est une puissance continentale, et entre le golfe de Finlande et Port-Arthur, elle ne dispose d'aucune base navale. En temps de guerre, les ports des nations neutres, et même de son allié français, lui seront fermés. Pour se ravitailler en charbon, Rojestvensky doit préparer des rendez-vous en haute mer avec les navires marchands de la ligne transatlantique Hamburg-Amerika[1] – une entreprise complexe, délicate et dangereuse.

1. La Hamburg-Amerika Linie, fondée en 1847, a joué un rôle très important dans le transport d'émigrants, notamment allemands, vers l'Amérique. En 1970, elle fusionne avec Norddeutescher Lloyd, pour former le groupe Hapag-Lloyd.

ITINÉRAIRE DE LA FLOTTE RUSSE 1904-1905

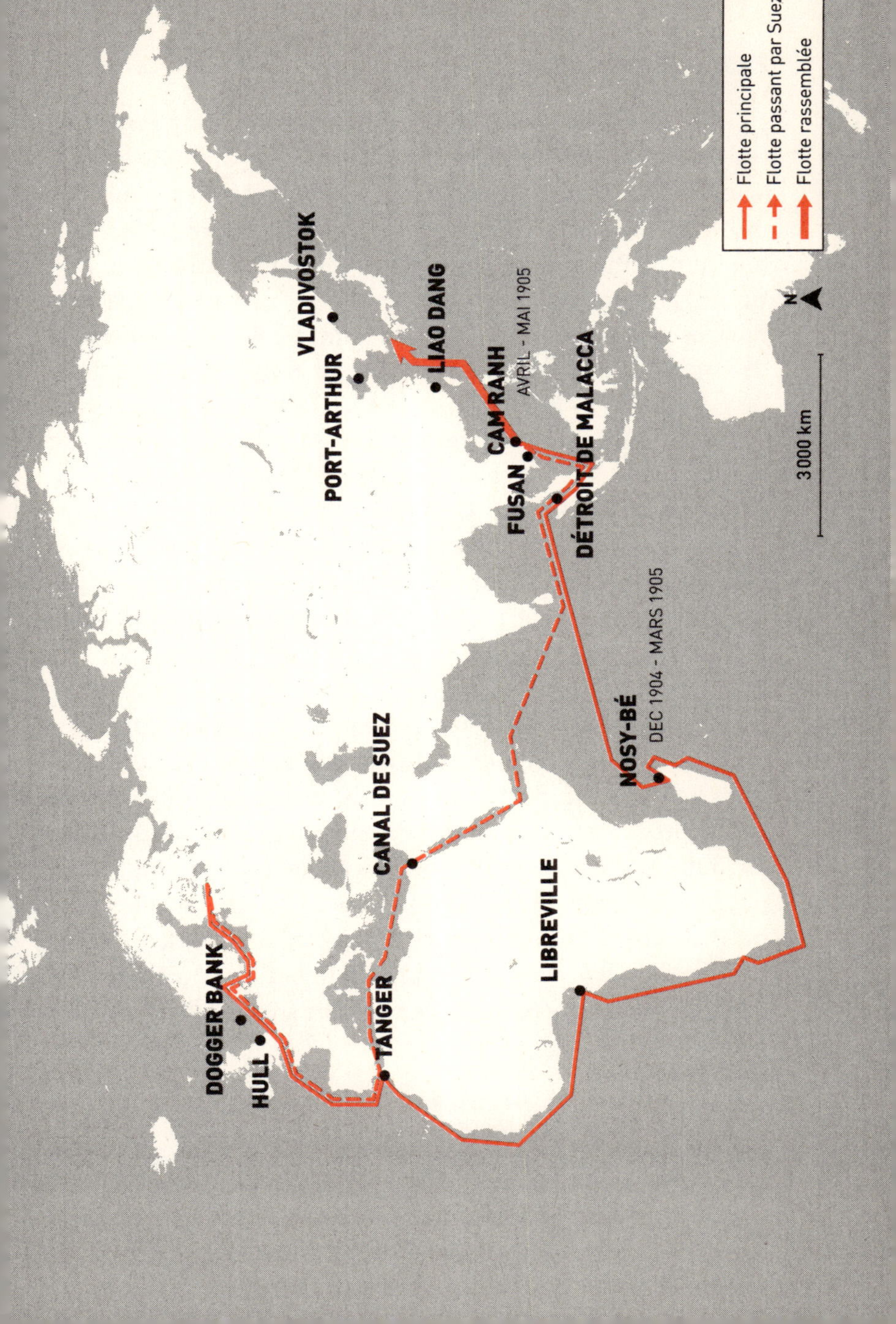

Franche paranoïa

Avant le départ, des rumeurs insistantes font état de la présence de torpilleurs et de sous-marins japonais le long des côtes danoises, ainsi que de champs de mines en mer du Nord. Les torpilleurs, petits navires de guerre rapides et manœuvrants, sont une invention récente. Relativement furtifs, ils peuvent facilement endommager ou couler les grands navires de guerre. Avec les sous-marins, ils sont la hantise des marines de l'époque. La flotte du Nord appareille donc démoralisée, comme le montrent les lettres d'officiers, avec le sentiment que le danger est partout, dans un climat de grande méfiance, tournant parfois à la franche paranoïa. Ce contexte incite l'amiral Rojestvensky à la plus grande vigilance. Il ordonne qu'aucun navire, de quelque sorte que ce soit, ne puisse entrer dans la flotte, et demande de se préparer à ouvrir le feu sur tout navire qui ne s'identifie pas. Et le feuilleton commence.

Le premier épisode a lieu en mer du Nord, c'est l'incident du Dogger Bank. En mer du Nord, une flottille de 30 chalutiers anglais venus du port de Hull croise la route de l'escadre russe, qui croit à une attaque de grande ampleur de navires japonais. Les cuirassés ouvrent le feu, endommageant plusieurs chalutiers et en coulant un. Ces tirs entraînent la mort de deux hommes et de plusieurs blessés, les Russes s'infligeant en outre des tirs amis d'un bâtiment à l'autre. Le croiseur *Aurore*[1] reçoit quatre tirs sous sa ligne de flottaison

---

1. C'est l'*Aurore* qui jouera un rôle mythique pendant la révolution d'Octobre en 1917 : dans la soirée du 25 octobre (7 novembre 1917 dans le calendrier grégorien), une salve tirée à blanc du croiseur lance l'attaque contre

et l'aumônier a sa main emportée par un éclat. L'incident aggrave les tensions entre la Russie et la Grande-Bretagne, déjà favorable au Japon, et on est à deux doigts de la guerre. Les journaux du monde entier se délectent de l'incident et ridiculisent Rojestvenski, dont la réputation est définitivement entamée.

Ridiculisé

Rojestvenski, en dépit de ses efforts, est en permanence limité par l'inefficacité de ses subordonnés. Le navire-atelier, le *Kamchatka*, remporte sans doute le pompon : il tire 300 obus contre une attaque de prétendus navires ennemis. En réalité, ces navires sont un navire marchand suédois, un chalutier allemand et une goélette française. Plus tard, le *Kamchatka* envoie un message au navire amiral relatif à des torpilleurs aperçus. Une fois la flotte entièrement mise en alerte, il s'avère qu'il s'agit d'une erreur dans l'utilisation des codes et que le message qui aurait dû partir était « tout va bien ». L'affaire est tragique : Rojestvenski sait, et ses subordonnés les plus compétents le savent également, qu'ils courent au désastre, mais que rien ne peut être fait pour l'éviter. La seule chose à faire aurait été de rebrousser chemin, au risque de se faire accuser de couardise, ou de trahison. Ni traître ni lâche, Rojestvenski obéit aux ordres, mais on comprend combien il devait être difficile de se sentir ainsi ridiculisé. La marche au supplice va être interminable.

---

le Palais d'Hiver à Petrograd (Saint-Pétersbourg, alors débaptisé). Coulé en 1941, renfloué après la guerre, l'*Aurore* est définitivement mis à quai sur la Neva et transformé en musée.

À Tanger, l'amiral décide de scinder sa flotte en deux. Les plus vieux bateaux de la flotte, déjà plus lents, n'ont pas été carénés pendant les longs mois de préparation des bateaux neufs. Ils passeront par le canal de Suez, que Rojestvensky veut éviter avec ses cuirassés, de peur que des torpilleurs japonais ne soient présents en mer Rouge. Il part donc pour une circumnavigation de l'Afrique, en passant par le cap de Bonne-Espérance. Outre le ravitaillement en haute mer, avec câbles et poulies de transbordement, grâce aux accords passés avec la Hamburg-Amerika Linie, la flotte obtient de se réapprovisionner en charbon dans des ports de l'Afrique équatoriale française, et fait escale à Libreville (Gabon) au mois de novembre 1904. À bord, le charbon est entassé dans les cales saturées, sur les ponts et jusque dans les cabines des officiers. La flotte passe le cap de Bonne-Espérance, et fait escale de fin décembre 1904 à mars 1905 à Nosy-Bé, une île côtière située au nord de Madagascar, où elle séjourne pour charbonnage et réparations. L'escadre passée par le canal de Suez et la mer Rouge l'y rejoint en janvier, sans avoir rencontré un seul navire japonais.

Renforts inutiles

Entre-temps, la garnison russe de Port-Arthur avec ses 25 000 hommes a capitulé le 5 janvier 1905. Pendant ce temps, Nikolaï Lavrentievitch Klado, parfois surnommé le Mahan russe, mène une campagne de presse pour que des renforts, sous le commandement de l'amiral Nebogatov, soient envoyés à la flotte, contre l'avis de Rojestvenski. Les renforts disponibles sont en fait des navires vieillis, techniquement dépassés, et non préparés.

Rojestvenski parle de cette escadre comme « d'une collection archéologique d'architecture navale ». Les marins surnomment ces navires les « coule-tout-seul ». L'amiral les considère non seulement comme inutiles, mais encore comme des boulets qui vont ralentir l'ensemble de la flotte. La nouvelle que des renforts inutiles sont envoyés porte un coup supplémentaire au moral des officiers les plus lucides. À quoi bon envoyer des vaisseaux inadaptés au combat moderne pour les voir sombrer à 18 000 milles de leur port d'attache ? C'en est trop pour l'amiral. Des attaques névralgiques le retiennent dans sa cabine.

Mais le 16 mars, au bout de deux mois d'une attente interminable sous la chaleur des tropiques, Rojestvensky ordonne de repartir sans attendre Nebogatov. Personne ne sait où est partie la flotte russe et si elle ne va pas tenter de rejoindre Vladivostok en contournant l'Australie. En réalité, elle a pris au plus court, est signalée le 5 avril dans le détroit de Malacca et rallie la baie de Cam Ranh, au sud de l'Annam, en Indochine française, le 9 avril. Là, Rojestvensky reçoit l'ordre comminatoire du tsar d'attendre Nebogatov. L'attente dure un mois supplémentaire.

Acceptation résignée

Les deux escadres se rejoignent finalement le 9 mai 1905. Après ces mois passés dans les eaux tropicales chaudes, à Madagascar, dans l'océan Indien et en mer de Chine, les coques des navires sont recouvertes d'algues et de bernacles : il s'agit d'un handicap qui contribuera à les ralentir au moment crucial, lorsqu'il faudra manœuvrer face aux Japonais.

L'insulte finale arrive pour Rojestvensky : il reçoit un ordre de l'amirauté lui enjoignant de détruire la flotte japonaise, puis de naviguer jusqu'à Vladivostok pour y remettre le commandement de la flotte à l'amiral Birilov, futur ministre de la Marine, qui s'y rend par le transsibérien. Birilov n'a jamais pris part à un combat ! Le désespoir du malheureux Rojestvensky se transforme en une acceptation résignée de son destin. Il sait que son sort et celui de sa flotte sont inévitables. Au Japon, l'amiral Togo suit la progression de l'escadre russe à travers la presse internationale. Il sait qu'il sera numériquement inférieur. Sa flotte de quatre cuirassés, huit croiseurs blindés, 16 croiseurs légers, 21 destroyers et 57 torpilleurs a une puissance de feu théorique inférieure à celle des huit cuirassés russes. Mais Togo a la certitude qu'il a l'avantage du fait de la qualité de ses navires et de ses équipages. Lorsqu'à 5 heures, le matin du 27 mai, la flotte russe est en vue du détroit de Tsushima, au sud de Fusan, en Corée, il envoie par radio un message confiant à Tokyo. On est alors au tout début de l'utilisation de la TSF dans la marine, et celle du Japon est à la pointe de la technologie.

Zinovi Petrovitch Rojestvensky, homme de devoir

Né d'un père médecin militaire de Saint-Pétersbourg en 1848, Zinovi Petrovitch Rojestvenski sort diplômé de l'École navale en 1868. Il entre dans la flotte de la Baltique, et choisit une carrière d'officier d'artillerie. Il prend part à la Guerre russo-turque (1877-1878) en qualité de chef de l'artillerie de marine de la flotte de la mer Noire. Après la guerre, il dénonce le retard pris par la marine russe et réclame la construction de nouveaux cuirassés, s'opposant ainsi à l'amirauté.

À Tsushima, le 28 mai 1905, il est blessé puis capturé avec son état-major et soigné à l'hôpital de Sasebo (situé sur l'île de Kyushu). Libéré en novembre 1905, il revient à Saint-Pétersbourg et est traduit en cour martiale, ainsi que chacun des officiers supérieurs présents à Tsushima encore en vie. Certains encourent des peines de prison, voire le peloton d'exécution pour s'être rendus. C'est l'amiral Nikolaï Nebogatov qui a pris la décision de se rendre, Rojestvensky étant grièvement blessé et inconscient pendant la majeure partie de la bataille. Néanmoins, pendant le procès, Rojestvensky dédouane ses officiers, assumant l'entière responsabilité de la défaite. Nebogatov est néanmoins condamné à mort, mais toutes les condamnations sont commuées en peine d'emprisonnement en forteresse par le tsar qui gracie les condamnés. Rojestvenski tombe gravement malade pendant l'été 1908 et meurt d'une crise cardiaque, le 14 janvier 1909, à Saint-Pétersbourg.

Déroulement de la bataille : barrer le T

La bataille a lieu le jour de l'anniversaire du tsar. Les officiers à bord du navire amiral le *Suvorov* viennent de porter leur toast, et les rapports préviennent que la flotte de Togo approche à pleine vapeur. À bord du *Mikasa,* Togo conduit son escadre de cuirassés et de croiseurs vers le sud, sur une route d'interception de la flotte russe qui se dirige vers le nord, dans l'objectif de rejoindre Vladivostok. Les ponts des navires japonais sont trempés d'eau et recouverts de sable pour diminuer les risques d'incendie, et les hommes revêtent des uniformes propres pour limiter l'infection des blessures. À 14 heures 45, Togo réussit la manœuvre dont rêve tout amiral : *barrer le T*. Elle consiste à se présenter perpendiculairement à la ligne de bateaux ennemis, représentant ainsi schématiquement un « T », la ligne de navires attaquée étant la haste verticale, l'attaquant correspondant à la barre horizontale. Le feu de l'escadre de l'attaquant se concentre sur le navire de tête adverse, et une fois qu'il est mis hors de combat sur le second. Le reste de l'escadre attaquée ne peut répliquer dans l'axe du bâtiment qui la précède au risque de le toucher, et ne peut utiliser que ses tourelles avant. L'escadre qui a *barré le T* bénéficie donc d'une supériorité de feu considérable puisqu'elle peut concentrer le feu de toute sa ligne sur un navire, quand l'escadre barrée ne peut faire intervenir ses navires que les uns après les autres.

Boule de feu

Les Japonais concentrent leurs tirs sur les principaux cuirassés russes, le navire amiral *Suvorov* où se trouve Rojestvensky, et sur l'*Osslyablia*. En quelques minutes, celui-ci est réduit à l'état d'épave par un déluge d'obus, il est en flammes de la proue à la poupe. Togo fait alors concentrer ses tirs sur le deuxième cuirassé, l'*Alexandre III*. Pendant ce temps, le *Suvorov* est en flammes, ses deux cheminées et son mât sont arrachés, son gouvernail hors service. Le vaisseau amiral tourne en cercles lorsque Rojenstvensky, grièvement blessé, l'abandonne et transfère le pavillon amiral sur un destroyer (contre-torpilleur dans la terminologie française). Un officier russe présent sur le vaisseau amiral donne une idée, dans ses mémoires de guerre, publiées d'abord par fragments et intégralement en 2014, sur ce que devait être ce déluge de feu : « Il était impossible de seulement compter le nombre

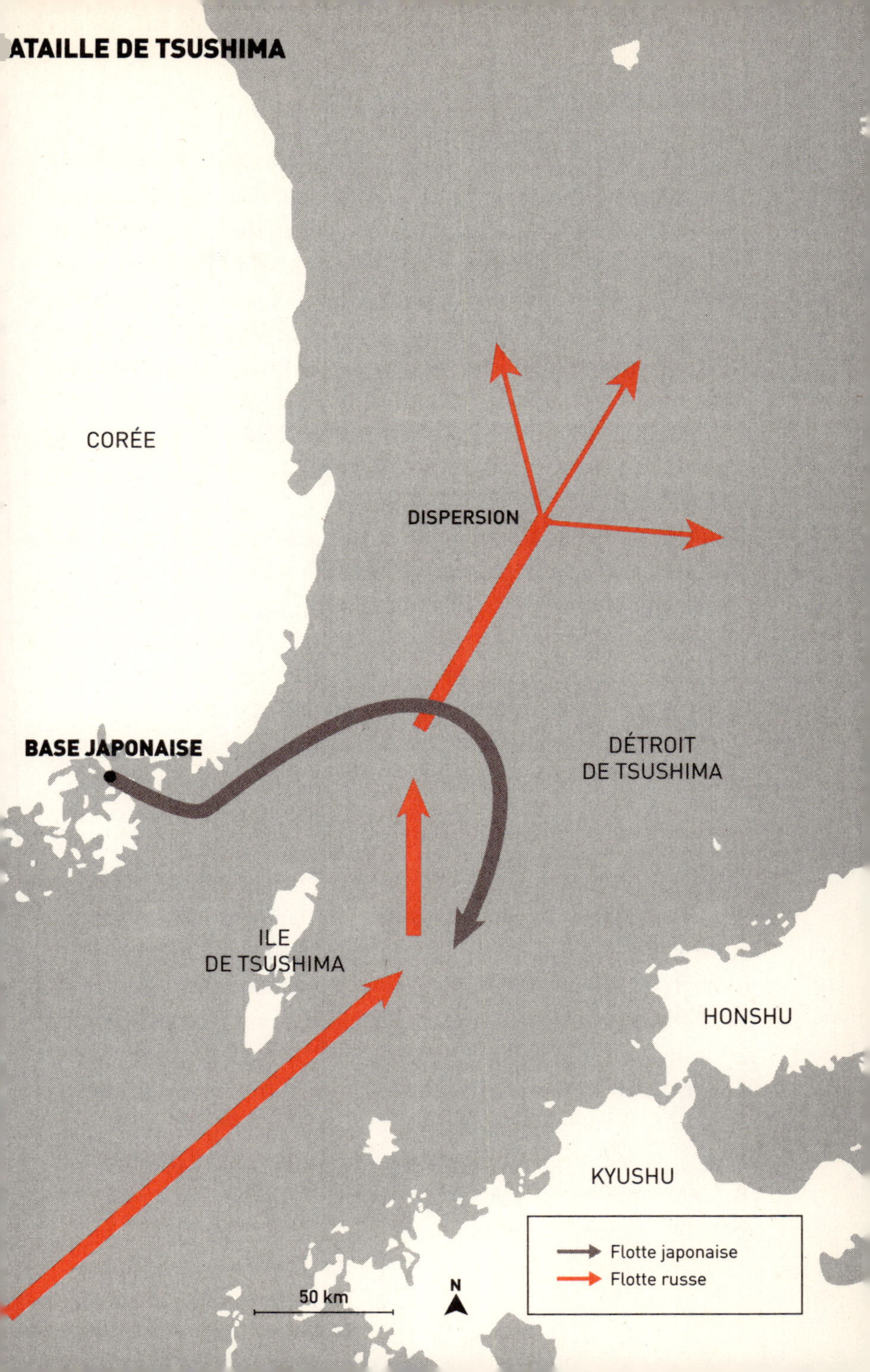
ATAILLE DE TSUSHIMA
CORÉE
DISPERSION
BASE JAPONAISE
DÉTROIT
DE TSUSHIMA
ILE
DE TSUSHIMA
HONSHU
KYUSHU
Flotte japonaise
Flotte russe
50 km
N

de projectiles qui nous frappaient. Les obus semblaient pleuvoir sur nous de façon incessante, l'un après l'autre. Les plaques d'acier et les superstructures du pont supérieur étaient déchiquetées, et les éclats causaient beaucoup de pertes. Les échelles métalliques étaient tordues comme des anneaux, et les canons étaient littéralement arrachés de leurs affûts. En outre, la température et les flammes des explosions semblaient se répandre sur tout. J'ai vu une plaque d'acier s'enflammer sous l'effet d'une explosion[1]. »

En quelques minutes, le *Suvorov* et l'*Alexandre III* sont envoyés par le fond avec tout leur équipage, à l'exception d'une poignée de survivants récupérés par les destroyers. Mais le pire reste à venir : le cuirassé japonais *Juji* fait un coup au but dans les magasins de munition du *Borodino*, qui explose en une boule de feu, envoyant une colonne de fumée à des centaines de mètres d'altitude. Lorsque la fumée se dissipe un peu, le navire apparaît la coque en l'air, l'équipage prisonnier à l'intérieur, avant de sombrer.

Restes de l'escadre

La bataille vire au massacre. Les principaux vaisseaux russes sont déjà détruits, et les Japonais concentrent leurs feux sur le *Nicolas Ier*, le cuirassé obsolète de l'amiral Nebogatov. Parfaitement conscient de son infériorité et de la vanité de tenter de résister, l'amiral russe signale à son escadre de « coule-tout-seul » de rompre le combat en

1. Vladimir Semonoff, *The Russo-Japanese War at Sea, Volume 2 : The Battle of Tsushima and the Aftermath*, Leonaur, 2014. (Traduction française de l'auteur).

profitant de l'obscurité de la nuit approchant pour tenter de rallier Vladivostok. Les cuirassés japonais se retirent également afin de laisser les destroyers libres d'utiliser leurs torpilles. Le *Navarin* est littéralement détruit par quatre destroyers japonais et coule. Il est suivi, dans l'obscurité grandissante, par les cuirassés *Sissoi, Nakhimov* et *Monomakh.*

Le lendemain matin, à 10 heures 30, les cuirassés de Togo repèrent et encerclent les restes de l'escadre de Nebogatov au sud de l'île de Takeshima. Mais avant qu'ils ne puissent les détruire, l'amiral russe hisse le signal de reddition. Il remet cinq de ses navires de guerre aux Japonais. Il signe la capitulation avec l'amiral Togo à bord du navire-amiral *Mikasa.* En signe de reconnaissance de la sagesse de sa décision, Togo lui laisse son épée. Alors qu'il est encore retenu prisonnier par les Japonais, l'amirauté russe le renvoie de l'armée le 22 août 1905.

Conséquences : une grande puissance est née

La quasi-totalité de la flotte de la Baltique russe est perdue dans la bataille des détroits de Tsushima. Dans l'histoire moderne, une défaite navale d'une telle ampleur n'avait jamais eu lieu, pas même à Trafalgar. Les Japonais n'ont perdu que trois torpilleurs, ainsi qu'une centaine de marins tués et moins de 600 blessés. Sur les 37 navires russes ayant pris part à la bataille, 22 ont été coulés, 6 ont été capturés, 6 ont été neutralisés à Manille par les Américains, et 3 seulement réussissent à rejoindre Vladivostok. Les 8 cuirassés russes sont perdus : 6 ont été coulés et les 2 autres sont capturés. Le tsar Nicolas II considérait les Japonais comme des *makaki*, des singes. Mais les singes ont détruit sa flotte après avoir vaincu son armée.

La victoire du Japon à Tsushima est totale, et cette confiance nouvellement acquise ne cessera alors de grandir. Le gouvernement russe ne disposant plus de flotte dans la région ni de réserves terrestres dignes de ce nom, décide d'entamer des négociations pour mettre fin à la guerre. La victoire japonaise est consacrée par la signature du traité de paix le 5 septembre 1905 à Portsmouth (États-Unis). Son signataire, le comte Serge Witte devient le premier chef de gouvernement de la Russie impériale, après la révolution de 1905, qui est loin d'avoir pour seule cause la défaite. La création d'un gouvernement est une des concessions du pouvoir tsariste aux demandes des révolutionnaires.

La déroute de Tsushima et la perte de Port-Arthur et de la Corée ont des conséquences à long terme pour la Russie : la confiance aveugle du peuple russe dans l'invincibilité du tsar est ébranlée, la marine est démoralisée. La mutinerie du cuirassé *Potemkine* en mer Noire, immortalisée au cinéma par Eisenstein en 1925 pour le vingtième anniversaire de la révolution, en est une péripétie, mais également une représentation symbolique[1].

Les opposants au régime, comme Trotski ou Lénine, alors exilés en France ou en Suisse, critiquent à juste titre l'impéritie des dirigeants russes, l'affairisme de l'entourage du

1. Nonobstant la célébrissime scène du landau, le massacre de la foule dans les escaliers d'Odessa filmée par Eisenstein dans *Le Cuirassé Potemkine* n'a jamais eu lieu.

tsar (en particulier du vice-amiral Alexeiev, fils illégitime d'Alexandre II) qui a conduit à détourner l'argent destiné à la création de bassins de radoub et d'ateliers à Port-Arthur, au profit du port de commerce de Dalny (Dalian), et l'extrême impréparation de la flotte.

D'une certaine façon, la défaite de Tsushima est un des premiers clous plantés dans le cercueil du régime tsariste. C'est une des causes conjoncturelles de la révolution de 1905, elle-même étant considérée, selon la vulgate révolutionnaire, comme une répétition de la révolution de 1917.

La bataille au cinéma

Pas d'adaptation dans un film d'aventures à notre connaissance, mais une curiosité : *La bataille de Tushima* de Nagisa Oshima, (Japon, 1975, 50 minutes), film documentaire consacré à la bataille composé de documents d'archives et d'interviews d'anciens officiers de la Marine ayant participé à la bataille.

Nagisa Oshima devient mondialement célèbre l'année suivante à la faveur de la sortie du sulfureux film *L'Empire des sens*, sorti en 1976 (*Ai no korīda* au Japon, littéralement "la corrida de l'amour"). Il est également le réalisateur de *Furyo (Senjō no merī kurisumasu* au Japon, *Merry Christmas Mr Lawrence)*, sorti en 1983, avec David Bowie et Ryuchi Sakamoto dans les deux rôles principaux.

L'expédition des Dardanelles (Turquie, 1915)

Un désastre pour l'Empire britannique

L'expédition des Dardanelles, appelée dans le monde anglo-saxon campagne de Gallipoli, part d'une bonne idée stratégique dont la mise en œuvre est un échec complet. Au début de la Première Guerre mondiale, face à l'armée ottomane, la campagne immobilise pendant des mois des centaines de milliers d'hommes issus de l'Empire britannique, massacrés sur les plages étroites et les pentes rocheuses d'une péninsule turque à cause d'une succession d'erreurs commises par des chefs incompétents.

Les défaites militaires comme les victoires peuvent contribuer à forger l'identité collective. C'est aussi dans la souffrance héroïque et la grandeur des vaincus que les mythologies nationales, et parfois nationalistes, trouvent du grain à apporter à leur moulin. En Serbie, la bataille de *Kosovo Polje*, ou du « Champ des Merles », perdue en 1389 par les princes serbes contre les Ottomans, est considérée comme le berceau de l'unité nationale[1]. De la même façon, l'expédition de Gallipoli

1. C'est précisément lors de la commémoration des 600 ans de la bataille de Kosovo Polje, le 28 juin 1989, que Slobodan Milosevic, tout nouveau président de la Serbie, prononce un discours-fleuve. Devant un million de

et les souffrances endurées par les soldats australiens et néo-zélandais sur cette péninsule rocailleuse de la côte européenne de la Turquie ont certainement contribué à la construction de l'identité de ces deux pays, peut-être avec d'autant plus de force que ce sont les nombreuses fautes du haut commandement britannique qui ont conduit à la catastrophe.

Situation géopolitique générale : à l'est, du nouveau, faire sauter le verrou des détroits

Début de la Première Guerre mondiale. Après les premiers succès allemands, le front de l'Ouest s'est enlisé à la suite des contre-attaques alliées sur la Marne et à Ypres. Pour les Alliés, la neutralité de l'Empire ottoman et l'ouverture des détroits – les Dardanelles et le Bosphore – revêtent une importance capitale : donnant accès à la mer Noire, ils sont le seul lien entre la Russie et ses alliés occidentaux. En effet, les routes terrestres sont contrôlées par les empires allemands et austro-hongrois, l'accès à la mer Baltique est bloqué par la marine allemande, la mer Blanche au nord et la mer d'Okhotsk en Extrême-Orient sont prises par les glaces l'hiver, et du reste trop éloignées des théâtres d'opérations. Pendant les trois premiers mois de la guerre, malgré les traités qui le lient à l'Allemagne, l'Empire ottoman reste prudemment en dehors du conflit. Mais dès le 27 septembre, le commandement allemand[1]

personnes, il exalte le nationalisme serbe, annonçant l'agression à venir contre les autres Républiques yougoslaves.

1. Depuis 1882, les missions militaires allemandes se succèdent pour moderniser l'armée ottomane.

des fortifications des Dardanelles fait fermer et miner les détroits. Le 29 octobre 1914, l'Empire ottoman entre en guerre contre la Russie.

Le 25 novembre, Winston Churchill, premier lord de l'amirauté, présente un projet d'attaque navale contre les Dardanelles. Du point de vue de ce que les Anglais appellent la « grande stratégie », l'idée est séduisante : elle correspond, à une échelle très large, à l'attaque classique contre le flanc adverse, conforme à la tradition d'approche indirecte souvent favorisée par les stratèges britanniques. L'approche indirecte vise la ligne de moindre résistance de l'ennemi, et permet d'ouvrir différentes lignes stratégiques. L'opération permettrait en outre à la Grande-Bretagne d'exploiter sa suprématie navale. Et bien sûr, elle assurerait la liaison entre les Alliés, via les Détroits et la mer Noire. Dernier objectif : pousser la Bulgarie et la Grèce, deux anciennes possessions ottomanes alors neutres, à rejoindre le camp des Alliés.

Première phase de la campagne : échec de l'opération navale

Dès le 3 novembre 1914, quelques jours après l'entrée en guerre, une escadre anglaise effectue d'inutiles bombardements préliminaires destinés à tester les défenses ottomanes, en oubliant sans doute le mot attribué à l'amiral Nelson : « C'est une bêtise pour un navire d'attaquer un fort[1]. » Ce sont sur les premières fortifications à l'entrée des Dardanelles que

1. *"A Ship's a Fool to Fight a Fort"*, parfois traduit par « un navire ne vaut rien contre un fort ».

PREMIÈRE GUERRE MONDIALE
FIN 1914

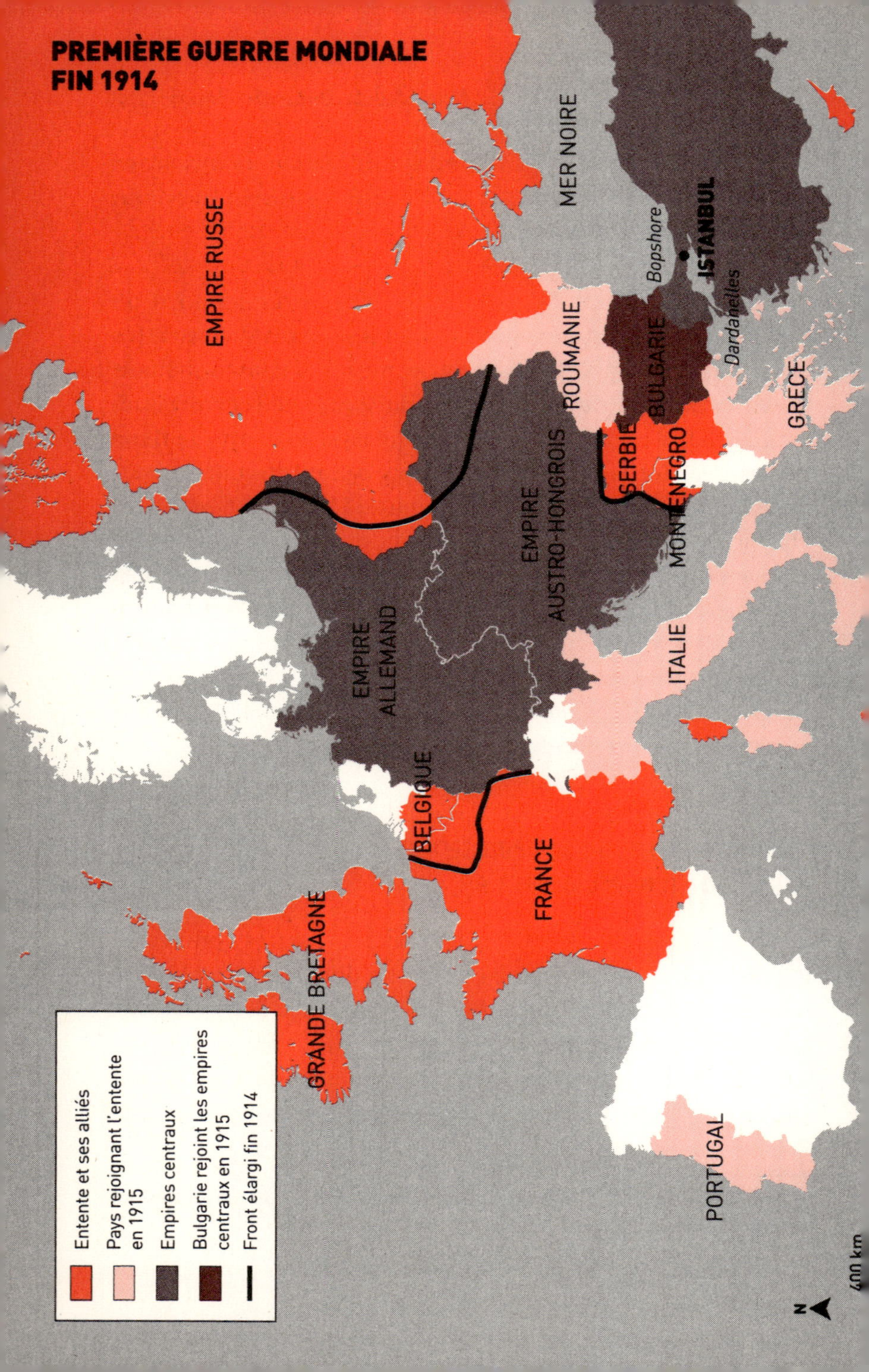

se concentrent les tirs : Kum Kale, le château d'Asie, sur la côte asiatique, à quelques kilomètres du site archéologique de Troie, ainsi que sur la côte européenne, à Seddülbahir[1], le château d'Europe, à l'extrémité de la péninsule de Gallipoli.

En décembre 1914, les Ottomans lancent une vaste offensive dans le Caucase. Devant la menace, le 2 janvier 1915, le grand-duc Nicolas de Russie demande l'aide britannique. Les préparatifs de l'opération navale commencent immédiatement, pour soulager les Russes en obligeant les Ottomans à redéployer leurs forces dans les Dardanelles. Après l'ouverture peu vigoureuse de novembre se joue le premier acte : le 19 février, une importante escadre anglo-française menée par le cuirassé *HMS Queen Elizabeth* commence à pilonner les positions ottomanes sur la côte. Le bombardement naval dure jusqu'au 25 février, et se tourne également vers les batteries mobiles, entre Kum Kale et Kephez, sur la rive asiatique de l'entrée des Dardanelles. Cette première action, sans opération amphibie associée, a pour effet principal de prévenir les Ottomans du danger : tout effet de surprise est perdu par les Alliés. Pendant le mois suivant, le général allemand Otto Liman von Sanders, à qui Enver Pacha, qui détient de fait le pouvoir, a confié le commandement de la défense des Détroits, réorganise les défenses de l'armée turque, renforce les forts et immerge de nouvelles lignes de mines. Fin du premier acte.

1. Seddülbahir, aussi écrit selon les sources Sedd el Bahr, Sedd-Ul-Bahr, ou Seddil Bahr.

Lignes de mines intactes

Côté britannique, l'amiral Sackville Carden prépare une nouvelle attaque générale prévue le 17 mars. Malade, il est remplacé par l'amiral John de Robeck pour le deuxième acte : le 18 mars 1915, la flotte anglo-française, composée de 18 cuirassés et de nombreux croiseurs et destroyers, tente de forcer le passage le plus étroit des Dardanelles, large de seulement 1 500 mètres. Malgré la menace des canons ottomans, les dragueurs de mines reçoivent l'ordre de participer à l'assaut. Mais les reconnaissances alliées n'ont pas identifié toutes les lignes de mines. À 15 heures 15, le cuirassé français *Bouvet* touche une mine et coule en quelques minutes avec plus de 600 marins à bord. Côte britannique, le *HMS Irresistible* et le *HMS Inflexible* heurtent également des mines tandis que le *HMS Ocean*, envoyé pour secourir le premier, connaît la même mésaventure : les deux navires coulent ensemble. Les cuirassés français *Suffren* et *Gaulois* sont aussi endommagés. Les tirs ottomans, bien que limités, restent menaçants, et les dragueurs de mines, souvent de simples chalutiers manœuvrés par des équipages civils, battent en retraite en laissant intacts les lignes de mines. À ce moment, le passage semble cependant prêt à tomber.

Certains officiers, comme le commodore Roger Keyes, chef d'état-major de John de Robeck, déplorent que l'opération navale n'ait pas été couplée avec un débarquement terrestre visant à détruire les canons ottomans. Il estime aussi que la victoire était toute proche. De fait, les batteries ottomanes n'avaient presque plus de munitions, et un compte rendu du quartier général ottoman rapporte du reste que toutes les lignes téléphoniques ont été coupées, que toutes les communications avec les forts sont interrompues, que certains canons ont été touchés, et que les tirs d'artillerie des défenses ont été sévèrement réduits.

Mais de Robeck, avec trois cuirassés coulés et trois autres sérieusement endommagés, estime que les pertes sont trop lourdes et ordonne la retraite. La flotte n'a donc pas pénétré dans le goulet de Çanakkale[1]. Le repli allié renforce le moral des Ottomans, et le 18 mars est depuis célébré en Turquie comme une grande victoire. L'expression *Çanakkale geçilmez* (« Çanakkale infranchissable ») est devenue une phrase populaire qui concentre toute la bataille des Dardanelles dans l'imaginaire collectif turc. Le détroit des Dardanelles se dit en turc *Çanakkale boğazı*. Ainsi se termine la première phase, la phase navale.

Opération terrestre

La prise des Dardanelles par la mer semblant impossible, les préparatifs pour une opération terrestre commencent. L'objectif est de prendre le contrôle des côtes, de neutraliser les batteries ottomanes et de permettre aux dragueurs de mines de nettoyer le détroit en sécurité. On comprend mal du reste comment le commandement britannique pouvait espérer sécuriser les Détroits sans opération terrestre conjointe, la première phase de la campagne, uniquement navale, ayant ainsi été montée en pure perte. Le secrétaire d'État à la Guerre britannique, Horatio Herbert Kitchener, place le général Ian Hamilton à la tête de la force expéditionnaire

1. Parfois nommé Tchanak dans les sources françaises, puisque le ç turc se prononce *tch*.

destinée à mener à bien l'opération. Au total, 78 000 hommes. Des troupes australiennes et néo-zélandaises, stationnées en Égypte où elles s'entraînent en prévision de leur déploiement en France, sont regroupées au sein de l'Anzac (*Australian and New Zealand Army Corps*). Cette unité commandée par le *lieutenant-general* William Birdwood, Britannique né en Inde, est déployée aux côtés de la 29e division britannique, de la Royal Naval Division et de l'Armée française d'Orient, composée de troupes coloniales et métropolitaines.

Les unités britanniques et françaises rejoignent les troupes de l'Anzac en Égypte, puis sont redéployées au cours du mois d'avril sur l'île de Lemnos, plus proche des Dardanelles. L'île est louée à la Grèce qui reste neutre, tiraillée entre le roi Constantin Ier, soupçonné par les Alliés de germanophilie, et le Premier ministre Vénizélos, ouvertement favorable à l'Entente. Ce regroupement des troupes alliées à Lemnos repousse l'organisation des débarquements à la fin du mois d'avril, et une fois encore, ce délai permet aux Ottomans, toujours commandés efficacement par Liman von Sanders, de renforcer leurs positions.

Impréparation sidérante

Quant à l'organisation du débarquement, on est bien loin de la préparation du *D-Day* de 1944 ! Hamilton n'envisage pas que l'opération puisse se faire sous le feu ennemi, et aucun entraînement spécifique n'est entrepris. Le jour du débarquement, ce sera un massacre. La combativité des défenseurs est sous-estimée par les Alliés, attitude sans doute liée à un sentiment de supériorité résultant du déclin de l'Empire ottoman, surnommé *l'homme malade de l'Europe* depuis le milieu du XIXe siècle. Lors de la première guerre balkanique contre la Bulgarie, la Serbie et la Grèce, d'octobre 1912 à mars 1913, les Ottomans ont en effet connu une succession quasi ininterrompue de défaites. Il n'en reste pas moins que l'impréparation des troupes alliées est sidérante, les cartes des Dardanelles dont elles disposent étant dans certains cas des vues cavalières issues de guides touristiques achetés en Égypte.

Déroulement de la bataille terrestre : la deuxième phase

Avril 1915 : débarquements au sud de la péninsule

Prévu pour le 23 avril, mais repoussé de deux jours en raison du mauvais temps, le débarquement doit être effectué sur plusieurs plages de la péninsule de Gallipoli, sur la rive européenne. Les Britanniques doivent prendre le contrôle du cap Helles et avancer vers les hauteurs d'Achi Baba (215 mètres). Les unités Anzac doivent débarquer environ 25 kilomètres plus au nord sur la côte égéenne, au-delà de Gaba Tepe (Kapatepe), dans ce qui sera dès lors nommé la baie Anzac (*Anzac Cove*). De là, elles doivent traverser la péninsule et isoler les forces ottomanes au sud. Les Français réalisent une attaque de diversion à Kum Kale sur la côte asiatique, avant de rembarquer pour soutenir l'attaque contre le cap Helles.

La 29e division britannique du *major-general* Aylmer Hunter-Weston débarque au cap Helles sur cinq plages nommées d'est en ouest : S, V, W, X et Y. Sur cette dernière, les Alliés ne rencontrent guère de résistance. Des reconnaissances sont menées dans l'intérieur des terres, et des patrouilles pénètrent dans le village de Krithia sur le flanc ouest des hauteurs d'Achi Baba, nœud de convergence de tous les chemins du sud de la péninsule. Cependant, les ordres sont formels : il faut sécuriser la tête de pont sur la plage, et non pénétrer dans les terres. Mais sécuriser une tête de pont, n'est-ce pas justement afin de pénétrer ensuite dans les terres ? Or, Krithia est abandonné : encore une occasion perdue.

Hachés par les mitrailleuses

Les débarquements les plus difficiles ont lieu sur la plage V, située en contrebas de l'ancienne forteresse de Seddülbahir, et sur la plage W, à la pointe occidentale de la péninsule. Les Ottomans occupent de solides positions défensives et infligent de lourdes pertes aux assaillants. Sur la première, l'attaque est menée par les fusiliers royaux de Munster et le régiment royal de Hampshire à bord d'un charbonnier à vapeur transformé, le *SS River Clyde*, volontairement échoué sous la forteresse, pour que les troupes puissent débarquer par des rampes sur les flancs du navire. Les soldats émergeant un par un le long de la rampe sont hachés par le feu des mitrailleuses situées dans la forteresse : sur les 200 hommes à débarquer, seulement 21 atteignent la plage. Les autres unités, les *Royal Dublin Fusiliers* et les *Lancashire Fusiliers*, approchent dans des chaloupes ouvertes dépourvues de protection, et offrent des cibles idéales. C'est un massacre. Un seul officier du *Royal Dublin* survit à l'attaque. À la fin de la campagne, seulement 11 soldats de cette unité reviendront vivants et sans blessures, sur un effectif initial de 1 012 hommes. Les Ottomans sont néanmoins trop peu nombreux pour pouvoir repousser les assaillants, et finalement, les Britanniques prennent le contrôle des plages V et W au prix de pertes s'élevant à plus de 60 % des effectifs engagés. Mais après le débarquement, les Britanniques ne profitent pas de leur avantage : le gros des troupes reste à proximité des plages. L'offensive alliée perd son élan, et les Ottomans ont tout le loisir de se regrouper et de se renforcer.

Plus au nord, le débarquement des Anzac, sous le commandement du général William Birdwood, ne se passe pas non plus comme prévu. Un fort courant, non repéré, fait dériver les bateaux qui manquent la plage du débarquement. Les troupes se retrouvent sur une mince bande de sable au pied des falaises, et gravissent péniblement les hauteurs de Chunuk Bair. Mustapha Kemal, l'officier ottoman qui commande la division située sur cette partie du front, et qui deviendra quelques années après le père de la Turquie moderne, ordonne au 57e régiment d'infanterie de mourir sur place. « Je ne vous demande pas de vous battre, mais de mourir. Le temps que vous mourriez, d'autres troupes pourront arriver et prendre vos places », proclame-t-il. Tous les hommes de l'unité sont tués ou blessés, mais les Anzac sont effectivement repoussés. En signe de respect pour ce sacrifice, l'armée turque ne compte aujourd'hui plus de 57e régiment. Dans l'après-midi du 27 avril, une contre-attaque turque est lancée, mais les Anzac s'accrochent.

Mustapha Kemal, le début d'une légende

En Turquie également, la campagne de Gallipoli est restée gravée dans l'imaginaire collectif comme un des éléments unificateurs de la nation. Les combats terrestres ont néanmoins été occultés par la bataille navale de mars 1915, durant laquelle la flotte alliée fut repoussée devant Çanakkale. *Çanakkale geçilmez* (Çanakkale est infranchissable) est devenue une expression populaire pour exprimer la fierté nationale associée à cet affrontement. Pour les Turcs, le 18 mars a la même signification que le 25 avril pour les Australiens et les Néo-Zélandais, et si cette date n'est pas une fête nationale, elle est commémorée chaque année avec des cérémonies spécifiques. En réalité, *Çanakkale* en turc, expédition des Dardanelles en français et *Gallipoli Campaign* en anglais sont synonymes, et font référence à l'intégralité de la campagne.

En Turquie, la campagne est étroitement liée à l'émergence de Mustafa Kemal, qui deviendra le premier président de la République de Turquie en 1923, après sa guerre victorieuse contre la Grèce. Il sera nommé Mustapha Kemal « Atatürk » en 1934, sur décision du parlement, ce qui signifie littéralement « Ancêtre des Turcs », et qu'on traduit communément par « Père des Turcs ».

Épuisement des deux belligérants

Au sud, les Alliés tentent de revenir le 28 avril au village de Krithia, reconnu mais abandonné le jour du débarquement, mais les Ottomans s'y sont installés et parviennent à repousser toutes les attaques. L'avancée alliée s'arrête donc à mi-chemin entre le cap Helles et le village de Krithia. Lors du débarquement, les attaquants ont perdu 3 000 hommes.

Avec l'arrivée de renforts ottomans dans la zone, la possibilité d'une victoire rapide dans la péninsule s'éloigne.

Attaques et contre-attaques se succèdent alors. 1er mai : offensive de Kemal contre l'Anzac, repoussée et suivie dans la nuit d'une contre-attaque confuse, également repoussée. Hamilton déclenche le 6 mai une nouvelle offensive contre Krithia, avec 20 000 hommes. Après deux jours d'une progression difficile sous le feu nourri de l'artillerie et des mitrailleuses ottomanes qui n'avaient pas été repérées par les reconnaissances aériennes, l'attaque est interrompue après un gain de quelques centaines de mètres, au prix de lourdes pertes. Après cette bataille, le front se stabilise du fait de l'épuisement des deux belligérants.

Les deux camps profitent de l'accalmie pour étendre et renforcer leurs réseaux de tranchées, exactement comme sur le front de l'ouest de l'Europe quelques mois auparavant. Ce type de guerre comporte des combats sporadiques, avec des coups de main et des attaques à la grenade contre des tranchées, parfois séparées de quelques mètres seulement, sans que ces raids remettent en cause l'équilibre des forces. Les tireurs d'élite sont une menace persistante pour les deux camps et le commandant de la 1re division australienne, le *major-general* William Bridges, est mortellement blessé par l'un d'eux.

Actes de fraternisation

Le 19 mai, 42 000 Ottomans lancent une offensive contre la baie Anzac, pour rejeter à la mer les 17 000 Australiens et Néo-Zélandais qui s'y trouvent. L'assaut est un désastre :

les Ottomans perdent 13 000 hommes, dont 3 000 morts et 10 000 blessés hors de combat. Ces pertes sont telles qu'un cessez-le-feu est organisé le 24 mai pour inhumer les corps qui commencent à pourrir dans le no man's land. L'événement donne lieu à des actes de fraternisation semblables à ceux de la trêve de Noël 1914 sur le front de l'ouest, exactement cinq mois auparavant. C'est le dernier assaut frontal des Ottomans. Au sud, les Alliés attaquent de nouveau en direction de Krithia le 4 juin, sans obtenir de percée décisive. Dans les deux divisions britanniques et les deux divisions françaises, les pertes approchent les 25 % : 4 500 Britanniques sur 20 000 engagés et 2 500 Français sur 10 000. Du côté ottoman, les pertes s'élèvent à plus de 9 000 hommes. Une dernière tentative britannique le 28 juin marque la fin des offensives britanniques sur le front du cap Helles. Après l'échec de la première phase navale, c'est la fin de la deuxième phase.

Déroulement de la bataille terrestre : troisième phase

Août 1915 : l'offensive de la baie de Suvla

Hamilton décide alors de planifier une nouvelle offensive au nord pour prendre le contrôle des hauteurs situées au milieu de la péninsule, là où elle ne fait qu'une douzaine de kilomètres de large, pour la couper en deux. Des troupes fraîches doivent débarquer dans la baie de Suvla au nord du secteur Anzac, et contourner les Ottomans par le nord pour s'emparer des hauteurs qui dominent la péninsule à 300 mètres d'altitude. L'Anzac doit également attaquer par l'ouest, également renforcé par des troupes fraîches. Une attaque de diversion est en outre prévue au cap Helles. Ce plan aurait pu réussir, mais son exécution sur le secteur de Suvla Bay est confiée au plus improbable des officiers généraux : Sir Frederick Stopford. Cet homme âgé de 61 ans – ce qui en soit n'est pas rédhibitoire, car Koutouzov avait 67 ans à Borodino, Blücher 72 ans à Waterloo – est en mauvaise santé. Beaucoup plus grave encore : il n'a jamais eu le commandement opérationnel de troupes au combat. Sa nomination par Kitchener doit à l'évidence plus à l'entre-soi et à la cooptation au sein de l'*establishment* anglais qu'à ses états de service.

Stopford, incompétent absolu

Fils cadet de James Stopford, quatrième comte de Courtown, Frederick Stopford est né en 1854. Il entre dans les Grenadier Guards en 1871. Il passe ensuite par différents postes d'aide de camp en Égypte et au Soudan, retourne en Angleterre, sert en Afrique et prend part à la Seconde Guerre des Boers comme secrétaire militaire d'officiers généraux attachés à l'administration de l'Afrique du Sud, et est anobli pour devenir Lord Stopford, car n'étant pas l'aîné, il n'aurait pu hériter du titre de comte de Courtown. Après son retour au Royaume-Uni, il passe par différents postes d'état-major et devient brigadier général le 1er avril 1902. Il est ensuite nommé directeur de la formation militaire des Horse-Guards. Gouverneur militaire de Londres en 1906, il est nommé Lieutenant de la Tour de Londres par le roi en 1912, un poste plutôt honorifique pour militaire en fin de carrière, que certains commentateurs rapides réduisent à la fonction de gardien des joyaux de la couronne et des corbeaux de la tour. Toujours est-il qu'il n'a jamais été chef de corps en opération : c'est toujours à l'état-major ou dans des fonctions administratives qu'il a pris part aux campagnes auxquelles il a participé. On peut donc à bon droit lui reprocher son incompétence absolue lors du débarquement de la baie de Suvla, mais la responsabilité n'incombe-t-elle pas finalement au secrétaire d'État à la Guerre, Lord Kitchener, qui l'avait nommé, et à Sir Ian Hamilton, commandant du corps expéditionnaire, qui avait accepté cette nomination ? Stopford prend sa retraite en 1920 et meurt en 1929.

Dans la baie Anzac, la 1re brigade d'infanterie australienne attaque le 6 août au sud-est, et s'empare d'un objectif supposé imprenable, le Lone Pine. Des Gurkhas, fraîchement débarqués, prennent une position avant d'en être délogés par des tirs amis. L'attaque de diversion depuis le cap Helles se solde par un échec sanglant. Le débarquement dans la baie de Suvla a lieu dans la nuit du 6 août et ne rencontre qu'une faible résistance, mais Stopford semble totalement dépassé par sa mission. Dès le débarquement, l'indécision et la confusion règnent. Les unités se bousculent dans l'obscurité, en plein chaos. Le matériel est entreposé sur la plage dans un désordre indescriptible. Mais surtout, au lieu de se déployer immédiatement pour occuper les hauteurs entourant la baie Suvla, le IXe corps reste presque en totalité sur la plage ou dans ses parages immédiats. Pendant que les Australiens et Néo-Zélandais progressent au sud sur les pentes de Sari Bair, les soldats britanniques tout juste débarqués se sont arrêtés sur la plage pour cuisiner. Stopford est resté à bord de la *Jonquil*, le navire qui lui sert de QG. Pendant ce temps, von Sanders, qui ne dispose sur place que de 1 500 soldats turcs, nomme Mustapha Kemal commandant du corps d'armée de la péninsule de Gallipoli. Ce dernier réagit immédiatement et amène à marche forcée des troupes sur les hauteurs.

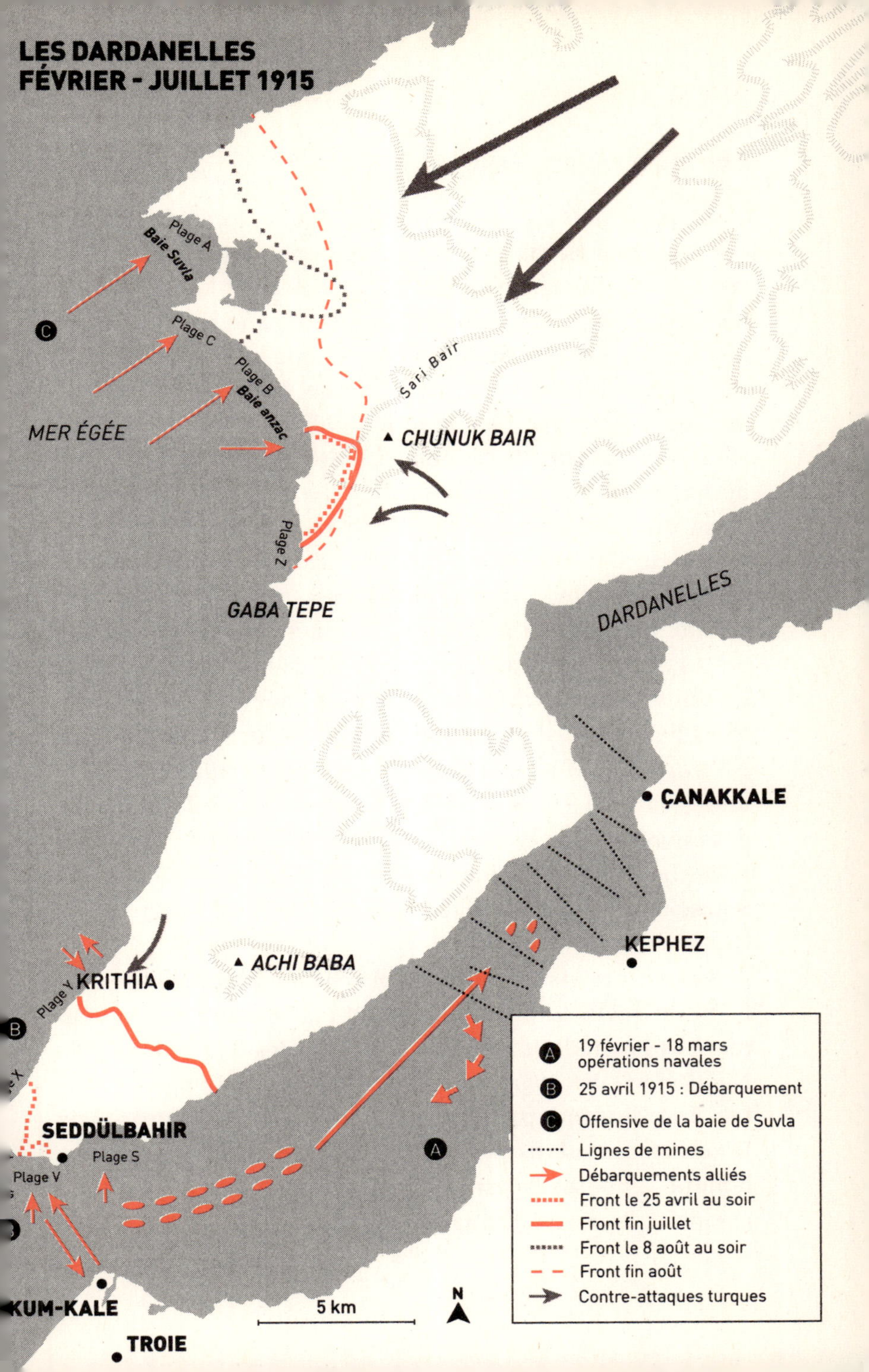
LES DARDANELLES
FÉVRIER - JUILLET 1915
Plage A
Baie Suvla
Plage C
Plage B
Baie anzac
Sari Bair
CHUNUK BAIR
MER ÉGÉE
Plage Z
GABA TEPE
DARDANELLES
ÇANAKKALE
KEPHEZ
ACHI BABA
KRITHIA
Plage Y
SEDDÜLBAHIR
Plage S
Plage V
KUM-KALE
TROIE
5 km
N
A 19 février - 18 mars opérations navales
B 25 avril 1915 : Débarquement
C Offensive de la baie de Suvla
Lignes de mines
Débarquements alliés
Front le 25 avril au soir
Front fin juillet
Front le 8 août au soir
Front fin août
Contre-attaques turques

Football sur la plage

Stopford envoie un message le 8 août prétendant que des progrès appréciables ont été réalisés. Hamilton, inquiet, dépêche un officier se rendre compte de la situation ; ce dernier envoie un message radio indiquant qu'aucun combat n'a lieu dans le secteur de Suvla Bay, et que le IXe corps est au repos. Hamilton se précipite à Suvla et constate que les soldats se baignent, et jouent au football sur la plage. Lorsque Hamilton lui rappelle ses objectifs, Stopford réplique que ses hommes ont chaud, qu'ils sont fatigués et qu'ils manquent d'eau, qu'il n'a pas assez d'artillerie, et qu'il ne peut se rendre à terre car il souffre d'un genou. Le laissant à bord, Hamilton débarque et trouve la même indolence parmi les commandants divisionnaires à qui il ordonne d'avancer sur les principales crêtes et de s'y retrancher. Il se voit d'abord répondre que les unités étant éparpillées sur la plage, aucun assaut ne peut avoir lieu ce jour-là. Lorsque l'assaut est finalement lancé, il est trop tard : Mustapha Kemal s'est déjà installé sur les hauteurs. Entre le 9 et le 11 août, pendant que les soldats étaient désœuvrés sur la plage, les Ottomans ont consolidé leurs positions. Le 15 août, Stopford est relevé de son commandement. Son séjour de neuf jours à Suvla Bay a été désastreux.

Les Ottomans se sont redéployés sur les hauteurs, et le front de Suvla devient rapidement statique, avec le creusement et l'installation de tranchées par les deux camps. Les Néo-Zélandais progressent avec difficulté et ne parviennent pas à atteindre leur objectif, le sommet de Chunuk Bair. D'autres tentatives pour reprendre l'offensive sont facilement repoussées par les Ottomans. Les Néo-Zélandais tiennent leurs positions sur les pentes de Chunuk Bair pendant deux jours, malgré des pertes de 90 %, jusqu'à l'arrivée de deux bataillons britanniques, finalement repoussés par une contre-attaque commandée par Mustafa Kemal le 10 août, et les Turcs reviennent quasiment sur leurs positions de la semaine précédente.

Kitchener, l'inventeur des camps de concentration

Horatio Herbert Kitchener, troisième enfant du lieutenant-colonel Henry Horatio Kitchener, est né en Irlande en 1850. Il entre à la *Royal Military Academy* de Woolwich en 1868. En 1870, il s'engage comme volontaire dans l'armée française lors de la guerre franco-prussienne, au mépris de la neutralité britannique, ce pour quoi il est réprimandé par la hiérarchie militaire. Officier des Royal Engineers, il effectue plusieurs séjours en Palestine, à Chypre et en Égypte, où il apprend l'arabe. En 1892, il participe à l'expédition destinée à sauver le général Charles Gordon, prisonnier à Khartoum, au Soudan, lors de la guerre des Mahdistes. La campagne est un échec, mais après avoir été nommé commandant en chef de l'armée d'Égypte, Kitchener retourne au Soudan, reprend Khartoum en 1898 et remporte la victoire d'Omdourman, ce qui lui donne un statut de héros national. Il systématise pendant le conflit l'emploi des mitrailleuses Maxim contre la cavalerie mahdiste.

La Seconde Guerre des Boers (1899-1902) en Afrique du Sud le propulse au faîte de sa gloire, et il est fait vicomte par le roi Édouard VII. Il sera fait comte Kitchener en 1914. Kitchener a le triste privilège d'avoir institué au Transvaal les premiers camps de concentration (*Concentration camps*), où sont systématiquement déportés les femmes et les enfants des Boers, leurs fermes étant détruites. Il est alors notamment critiqué par Lloyd George (qui sera ministre des munitions pendant l'expédition de Gallipoli avant de devenir Premier ministre). Après la Guerre des Boers, Kitchener part pour les Indes, y réorganise l'armée, puis crée l'armée australienne et devient *consul-general* d'Égypte (1911-1914). En août 1914, il est nommé secrétaire d'état à la Guerre, et c'est son visage, bacchantes impressionnantes et index pointé vers le lecteur, qui est utilisé pour inciter les Britanniques à s'enrôler. Cette image célébrissime, exécutée par Alfred Leetes, *Lord Kitchener Wants You*, où son nom est simplement remplacé par son portrait, est utilisé dans la presse, sur des affiches et des cartes postales. Les Américains copieront cette image deux ans et demi plus tard en remplaçant le portrait de Kitchener par celui de l'Oncle Sam sur l'affiche *I Want You for U.S. Army*.

L'échec de la campagne de Gallipoli, sa préférence pour le schrapnel, peu efficace lorsque l'adversaire est protégé dans des tranchées par rapport aux obus explosifs, lui valent de vives critiques. Au sein du cabinet, où ses collègues n'apprécient pas son incapacité à travailler en équipe et son refus de déléguer, on lui retire les responsabilités relatives à l'armement puis celles de chef d'état-major. Kitchener reste néanmoins au sein du cabinet.

Il périt le 5 juin 1916, au cours d'une mission qui doit le conduire en Russie : au nord-ouest des Orcades, le navire *HMS Hampshire* heurte une mine et coule rapidement. Des rumeurs plus ou moins fantaisistes attribuent le naufrage à un complot impliquant Scotland Yard, Lloyd George et/ou le Sinn Féin irlandais. Fritz Joubert Duquesne, un Boer naturalisé américain et devenu espion pour le compte de l'Allemagne, a également revendiqué l'action.

Des cibles parfaites

Mais la tragédie de Suvla n'était pas terminée. Le 15 août, après le limogeage de Stopford, le *major-general* (général de division, trois étoiles) Beauvoir de Lisle est nommé commandant temporaire du IXe corps en attendant que le *lieutenant-general* (général de corps d'armée, quatre étoiles) Julian Byng arrive de France. Il décide d'attaquer les hauteurs situées entre la baie de Suvla et la baie Anzac pour unifier la ligne de front. Cela nécessite de prendre différentes collines, dont Scimitar Hill qui va donner son nom à cette dernière bataille majeure de la campagne. Les assauts lancés le 21 août échouent, malgré l'importance des effectifs engagés, avec quelques épisodes célèbres, notamment la progression des yeomen (cavalerie démontée) en colonne sur le fond d'un lac salé, avançant à contre-jour dans la brume sans rien voir de l'ennemi : leurs silhouettes se détachant parfaitement sur le sol blanc présentent des cibles parfaites. Comme toujours, l'assaut est un échec, et c'est ainsi que prend fin le plus important, mais heureusement le dernier combat d'envergure livré sur la péninsule de Gallipoli.

Le 23 août, Hamilton se résout à adopter une stratégie défensive. Cette décision est également motivée par l'imminence de l'entrée en guerre de la Bulgarie aux côtés des Empires centraux, qui va faciliter le soutien allemand à l'armée ottomane. Le 25 septembre, Kitchener ordonne le redéploiement de deux divisions britanniques et d'une division française sur le front de Salonique en Grèce : c'est le début de la fin de la bataille de Gallipoli.

La décision d'évacuer

L'opinion publique britannique commence à s'émouvoir et se pose des questions sur la gestion de l'opération, notamment après la publication d'articles critiques de Keith

Murdoch[1] parus dans le *Sunday Times*. Hamilton s'oppose initialement à l'évacuation pour des raisons de prestige. Au mois d'octobre, il est enfin limogé et remplacé par Charles Monro. Celui-ci défend l'option d'une évacuation auprès de Kitchener qui se trouve alors dans la région. Après avoir consulté les commandants du VIIIe corps au cap Helles et du IXe corps dans les baies Anzac et de Suvla, Kitchener approuve la proposition. Le gouvernement confirme la décision d'évacuer au début du mois de décembre.

Pour la troupe, l'arrivée de l'automne apporte un répit aux soldats qui ont tant souffert de la chaleur. Un répit de courte durée, car le 26 novembre, un violent orage de trois jours provoque des glissements de terrain qui détruisent les tranchées et ensevelissent leurs occupants. L'épisode est suivi par une tempête de neige et des milliers de soldats souffrent de gelures.

Du fait de la présence des forces ottomanes et des conditions climatiques difficiles, et compte tenu de la façon dont ont été exécutées toutes les opérations planifiées pendant la campagne des Dardanelles, on craint de lourdes pertes lors de l'évacuation. Surprise : elle constitue la partie la mieux exécutée de toute la campagne alliée. Le départ des troupes commence le 7 décembre. Le IXe corps est le premier à rembarquer, et les dernières troupes partent à l'aube du 20 décembre. Des ruses de guerre facilitent les départs furtifs : fusil automatique fonctionnant grâce à l'accumulation d'eau dans une casserole attachée à la détente, silence absolu

1. Il s'agit du père de Rupert Murdoch, patron du groupe de presse *News Corp*.

observé par les troupes jusqu'à ce que les Ottomans intrigués sortent de leurs tranchées pour inspecter les lignes adverses, moment précis où ils sont pris pour cibles. Après s'être fait prendre, les Ottomans ne bougent plus, même en l'absence de tout bruit. Grâce à ces stratagèmes divers, l'évacuation se fait avec très peu de victimes, mais de grandes quantités de matériel et de ravitaillement sont abandonnées.

Les Alliés restent plus longtemps au cap Helles : la décision d'évacuer est prise le 28 décembre. Ayant tiré les leçons de ce qui s'était passé au nord, les forces ottomanes lancent une attaque contre les Britanniques le 7 janvier, mais l'assaut est facilement repoussé. Dans la nuit du 7 au 8 janvier, les troupes entament un repli organisé sous la protection de l'artillerie navale. Après avoir disposé des mines et piégé leurs tranchées, les soldats reculent de 8 kilomètres, jusqu'à la plage où des pontons improvisés ont été construits. Les derniers soldats quittent le cap vers 4 heures le matin du 8 janvier. Près de 1 600 véhicules sont laissés sur place après avoir été sabotés.

Conséquences : Gallipoli, Churchill et Dunkerque

L'échec de la campagne a d'importantes répercussions politiques en Grande-Bretagne. L'amiral John Fisher démissionne en mai, après de violents désaccords avec Churchill. Le Premier ministre libéral Herbert Asquith est contraint de former un gouvernement de coalition avec les conservateurs, qui exigent la démission de Churchill – à l'époque membre du parti libéral – de son poste de premier lord de l'Amirauté. Ultérieurement, une commission d'enquête parlementaire exonère Churchill et conclut à la responsabilité d'Asquith et de Kitchener. Asquith est remplacé en décembre 1916 par le libéral David Lloyd George, dans le cabinet duquel Churchill reçoit le poste de ministre de l'Armement. Mais l'échec de Gallipoli reste une ombre sur sa carrière. Cet échec lui sera encore reproché lorsqu'il deviendra Premier ministre en mai 1940. Et c'est dans les premiers jours de son gouvernement qu'il aura à gérer le rembarquement du corps expéditionnaire britannique après la victoire éclair des troupes allemandes en juin 1940. Et, comme à Gallipoli, le succès inattendu de l'évacuation de Dunkerque, l'opération Dynamo, tiendra du miracle.

La Journée de l'Anzac

La contribution des soldats australiens et néo-zélandais lors de la bataille des Dardanelles a un impact considérable dans leur pays d'origine, qui commémore la bataille à l'occasion de la Journée de l'Anzac le 25 avril. Le débarquement est considéré comme le « baptême du feu » des deux pays qui avaient obtenu leur autonomie la décennie précédente. Après le conflit, elle contribue à l'émergence d'une identité nationale australienne, dont les caractéristiques sont celles accordées aux soldats qui combattirent à Gallipoli. Ces qualités d'endurance, de courage, d'ingéniosité, de jovialité et de fraternité ont été regroupées au sein du concept d'*Anzac spirit*.

La Journée de l'Anzac fut créée de manière informelle en 1916, avant d'être reconnue comme une fête nationale dans tous les États d'Australie et en Nouvelle-Zélande dans les années 1920. Le site de Gallipoli est également un lieu de recueillement pour des milliers de touristes australiens et néo-zélandais. Dans les deux pays, la journée de l'Anzac est une commémoration militaire plus importante que le 11 novembre.

Gallipoli au cinéma

- *Gallipoli*, film australien de Peter Weir, est sorti en 1981, avec Mel Gibson dans un des deux rôles principaux. Dans l'œuvre de Weir, le film constitue une charnière, s'inscrivant après ses trois premiers films fantastiques, et avant ses succès des années 1980 (*Witness*, *Le Cercle des poètes disparus*) et 1990 (*The Truman Show*).
- *Les Cavaliers de l'orage*, film français de Gérard Vergez (1984) avec Marlène Jobert, Gérard Klein et Vittorio Mezzogiorno, transpose de façon très libre le roman de Jean Giono, *Deux cavaliers de l'orage*. L'intrigue se situe partiellement au sein du corps expéditionnaire français aux Dardanelles, un élément totalement absent du roman de Giono. Profitons-en pour préciser que, contrairement à une légende tenace, le morceau *Riders on the Storm* des Doors n'a aucun lien avec le livre.

Deux films produits en Turquie pour marquer le centenaire de la bataille présentent l'intérêt de donner à voir les opérations du côté turc, et ouvrent des perspectives sur le nationalisme et la place de l'armée en Turquie un siècle après les événements. Contrairement à ce que leurs titres pourraient laisser croire, les deux films se concentrent sur les opérations terrestres, qui se déroulent après l'échec initial des Alliés à Çanakkale. Pour l'historiographie et la mémoire collective turques, *Çanakkale* correspond à *Gallipoli* pour les Anglo-saxons, et aux *Dardanelles* pour les francophones.

- *Diriliş : Çanakkale 1915*, 128 minutes (« Résurrection : Chanakkale 1915 ») film turc de Yesim Sezgin (2012). La *résurrection* du titre est celle de l'armée et de la nation turque, humiliées après les défaites des guerres balkaniques (disponible sur Internet en VO avec sous-titres anglais décalés par rapport à l'image). Film de propagande à la forme parfois un peu naïve, avec discours patriotiques sur fond de musique émouvante. Le rôle d'Otto Liman von Sanders est entièrement endossé par

Mustapha Kemal, mais chaque phase de la campagne est précisément évoquée, depuis les premières tentatives alliées de novembre 1914 qui ouvrent le film.

• *Çanakkale : Yolun Sonu* (« Çanakkale, la fin de la route »). Titre français : *Gallipoli, la bataille des Dardanelles*, film turc de Serdar Akar (réalisateur principal) et Kemal Uzu, 120 minutes (2012). Film beaucoup plus scénarisé avec l'histoire de deux frères, une infirmière et un duel de snipers, grand classique du film de guerre. *Cf. Stalingrad* de Jean-Jacques Annaud (2001) ou *American Sniper* de Clint Eastwood (2014). Impossible semble-t-il à trouver en version originale sous-titrée, les seules versions disponibles étant la version originale ou des versions doublées.

Dien Bien Phu (Vietnam, 1954)

Trop investis pour abandonner, ou le piège abscons vietnamien

Pendant la guerre d'Indochine, l'armée française s'enterre dans la cuvette de Dien Bien Phu, sans ligne de communication autre qu'aérienne avec ses bases arrière, dans une région tenue par un ennemi installé sur les hauteurs environnantes. Est-il possible d'envisager pire péché contre les règles de la stratégie la plus élémentaire ? Pourtant, le commandement français s'est obstiné, alors même qu'il n'y avait plus d'espoir.

La bataille de Dien Bien Phu, qui scelle en 1954 le sort de l'empire colonial français en Asie, est un exemple d'erreur stratégique absolue, qui semble mépriser le vieil adage des troupes de montagne selon lequel « qui tient les hauts tient les bas ». Cet aveuglement peut s'expliquer du fait du précédent de Na San quelques mois plus tôt, où les combattants du Vietminh[1] avaient attaqué inconsidérément des positions

1. Pour l'orthographe des noms vietnamiens, nous choisissons la forme la plus simple, sans aucun accent : Dien Bien Phu, Ho Chi Minh, Vietminh, Vietnam et non Diên Biên Phu, Hô Chi Minh, Viêt Minh, Viêt Nam... L'orthographe accentuée, communément pratiquée en français, avec parfois une connotation *post colonial studies* et plus politiquement correcte

bien défendues. Mais s'imaginer qu'un adversaire, quel qu'il soit, ferait deux fois la même erreur, n'est-ce pas le sous-estimer tout aussi inconsidérément ? S'installer dans une cuvette dominée par des montagnes contrôlées par l'ennemi, est-ce bien raisonnable ? On peut expliquer ces erreurs initiales d'appréciation. Mais ce qui est proprement fascinant dans l'aventure de Dien Bien Phu, c'est la course à l'abîme dans laquelle le commandement français s'est lancé sans pouvoir s'arrêter, alors même qu'il était clair que la situation était sans issue… et, soyons justes, la façon dont un pouvoir politique affaibli l'a laissé faire.

Situation géopolitique générale : la dislocation des empires coloniaux

Après la défaite de la France en juin 1940, l'Asie du Sud-Est est occupée par le Japon et, comme en France, les autorités de Vichy collaborent. La dernière année de la guerre, les Japonais, craignant un débarquement allié, prennent le contrôle direct de l'Indochine française : Laos, Cambodge, Tonkin, Annam et Cochinchine – ces trois derniers territoires correspondant au Vietnam actuel. Dès lors, les mouvements nationalistes indochinois entrent en lutte contre les troupes d'occupation japonaises, espérant qu'à la fin de la guerre, ils gagneront leur indépendance. Toutes choses égales par ailleurs, c'est d'une certaine façon le même schéma que l'on observe en Algérie, dont la population a fourni un très grand

---

n'est en effet qu'une demi-mesure, puisque pour respecter la graphie vietnamienne, il faudrait écrire Điện Biên Phủ, Hồ Chí Minh, Việt Minh, Việt Nam, etc.

nombre des effectifs des Forces françaises libres, et dont les manifestations favorables à l'indépendance, organisées le 8 mai 1945, une fois la victoire acquise, sont férocement réprimées par l'armée française et la population d'origine européenne, notamment lors des massacres de Sétif.

En Indochine, lorsque les troupes japonaises capitulent en 1945, les autorités françaises signifient fermement leur intention de reprendre le contrôle de leurs anciennes colonies, correspondant à la volonté obsessionnelle du général de Gaulle de rétablir d'abord l'empire dans son intégralité, quitte à faire progressivement évoluer les possessions françaises vers l'autonomie. Le Vietminh, Front pour l'indépendance du Vietnam, dominé par les communistes et dirigé par Ho Chi Minh, s'y oppose résolument. Le 2 septembre 1945, Ho proclame la République démocratique du Vietnam, non reconnue par les Français. Les guérilleros du Vietminh, sous le commandement de Vo Nguyen Giap, un ancien professeur d'histoire dont la femme est morte dans une prison française, attaquent les troupes arrivant dans le sud du Vietnam : c'est le début de la guerre d'Indochine.

La « sale guerre »

En Asie, la période coloniale se termine : l'Empire britannique a laissé la place à l'Union indienne et au Pakistan en 1947, la Birmanie est indépendante dès 1948. Les Pays-Bas reconnaissent l'indépendance de l'Indonésie en 1950. En Indochine française, à partir de 1949, avec la victoire de Mao et l'installation du pouvoir communiste en Chine, le grand voisin du Nord fait office tout à la fois de base arrière

INDOCHINE DÉBUT 1954

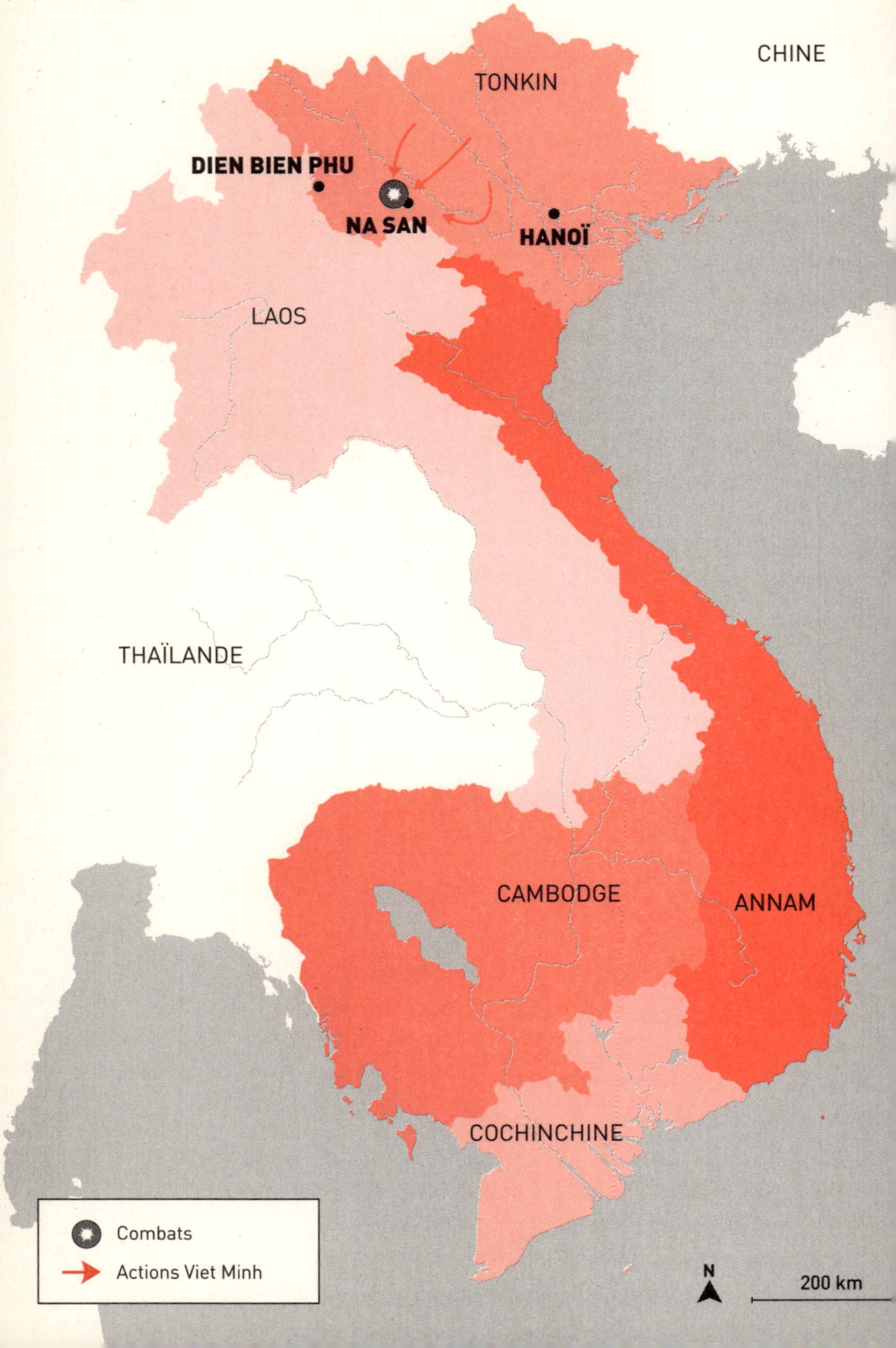

et de sanctuaire pour le Vietminh, solidement implanté dans le nord du Tonkin. Le rapport sur la situation au Tonkin en 1949, divulgué dans des conditions suspectes lors de ce qu'on appelle l'Affaire des généraux, sur fond de rivalité entre services secrets (SDECE[1] et DST[2]), le limogeage et la mise à la retraite d'office de son auteur, le général Revers, chef d'état-major de l'Armée de terre, le scandale du trafic des piastres : tout concourt à ce que, pour beaucoup de Français, cette guerre soit bien la « sale guerre » dénoncée par le Parti communiste. En 1952, après sept années de conflit et malgré le soutien matériel américain de plus en plus important, l'armée française se montre incapable de remporter la victoire militaire. L'opinion publique en France souhaite la fin de la guerre d'Indochine, dont elle ne supporte plus le coût, financier et en vies humaines.

Lorsque le général Henri Eugène Navarre prend le commandement des forces françaises en mai 1953, la situation géopolitique en Extrême-Orient est en train de changer. Staline est mort au mois de mars, l'Union soviétique essaie d'établir de meilleures relations avec l'Occident, et voit dans le règlement des conflits en Corée et en Indochine un moyen d'y parvenir. La guerre de Corée se termine en

1. SDECE : Service de documentation extérieure et de contre-espionnage (l'acronyme se prononce *sdèke*). Créé en 1945, renommé Direction générale de la Sécurité extérieure (DGSE) en 1982, il est rattaché au ministère de la Défense, et traditionnellement dirigé par des militaires.

2. DST : La direction de la Surveillance du territoire était un service de renseignements du ministère de l'Intérieur, au sein de la direction générale de la Police nationale, chargé du contre-espionnage en France. Elle a été fusionnée avec les Renseignements généraux en 2007 au sein de la DCRI (Direction centrale du renseignement intérieur), renommée DGSI en 2014.

juillet, et la Chine, déchargée de ce fardeau, peut désormais envoyer matériels et approvisionnements au Vietminh à un niveau plus élevé. Ces deux facteurs, soviétique et chinois, poussent la France, pour des raisons opposées, à trouver un règlement au conflit. Le gouvernement français indique à Navarre qu'il souhaite trouver un moyen d'en sortir, et qu'il ne recherche pas de victoires éclatantes. Mais les directives politiques s'arrêtent là. Avec une force de 517 000 hommes, dont 369 000 Vietnamiens, Navarre ne peut du reste espérer fixer un ennemi se dérobant sans cesse, pendant un temps suffisamment long pour lui infliger une défaite décisive.

Un village nommé Dien Bien Phu

Et pourtant... Navarre s'est convaincu que le contrôle absolu des airs lui permet d'installer une importante force française dans une base avancée, en la ravitaillant en munitions et en nourriture, même sous un siège mené par le Vietminh. Il pense ainsi pousser le général Giap à abandonner ses tactiques asymétriques de guérilla, pour déclencher une offensive frontale autour de la base, ce qui permettrait aux Français d'utiliser leurs tanks et d'infliger une lourde défaite à l'adversaire. Le général René Cogny, commandant des forces du Tonkin, propose à Navarre un village nommé en vietnamien Diên Biên Phu, à environ 400 kilomètres de Hanoï, tout près de la frontière laotienne. Le village est situé à 400 mètres d'altitude, dans une vallée étroite de 17 kilomètres de long, dominée par des montagnes culminant à 1 300 mètres, et entourée d'une forêt aux sous-bois épais.

Le choix de l'emplacement n'est pas absurde : la garnison, outre son rôle d'appât pour les forces de Giap, doit empêcher les communistes d'entrer dans le royaume du Laos. C'est de toute façon le seul endroit plat à des centaines de kilomètres à la ronde, susceptible d'accueillir une piste d'atterrissage. Les Japonais en ont du reste construit une en 1945. Mais Navarre et Cogny n'ont pas la même vision du rôle de cette base : alors que Cogny la considère comme une base d'opérations légère et mobile, Navarre y voit une forteresse imprenable. Cogny proteste contre cette stratégie d'enfermement, sans résultat. Les deux hommes ne s'apprécient pas : tout au long de la bataille, ils seront en désaccord, Cogny informant son supérieur qu'il ne souhaite plus continuer à servir sous ses ordres, et tenant des propos critiques, sans doute à bon droit, auprès de journalistes. Ils continueront à se déchirer après la défaite, par voie de presse et à travers une commission d'enquête.

Lorsque Navarre informe le gouvernement de son plan, son acceptation est un démenti complet des instructions qui lui ont été données précédemment. Si le gouvernement ne cherche pas de victoire, pourquoi laisser le commandement militaire en Indochine risquer la vie de 13 000 soldats, sans parler des sommes nécessaires pour monter l'opération ? Si l'idée étrange de Dien Bien Phu vient des militaires, elle a été endossée par le pouvoir politique.

Navarre, le maître-espion qui n'y croyait plus

Henri Eugène Navarre est né en 1898. Entré à Saint-Cyr en 1916, il est envoyé au front en mai 1917 au 2e régiment de hussards. Officier de cavalerie pendant l'entre-deux-guerres, il entre en 1936 au service de renseignement de l'état-major de l'armée (le « 2e Bureau »). Après juin 1940, il poursuit ses activités de renseignement au sein de l'Armée d'armistice comme chef du 2e bureau du général Weygand à Alger, chargé à la fois du renseignement et du contre-espionnage. En 1942, il entre dans la clandestinité et devient chef du service de renseignement de l'Organisation de résistance de l'armée (ORA). Cette première partie de carrière dans « les services » rend encore plus incongru le fait qu'il ne sera tenu aucun compte du renseignement pendant la bataille de Dien Bien Phu. Les services du renseignement français suivront au jour le jour les préparatifs du Vietminh, la mise en place de l'encerclement, l'arrivée des différentes divisions, le nombre de combattants, l'arrivée de la DCA, les capacités de tir de l'adversaire. Navarre ne fera aucun usage de ces informations.

Navarre participe à la Libération à la tête d'un régiment blindé, et il est promu général de brigade en 1945. Il est affecté en Allemagne jusqu'en 1953, à l'exception d'un séjour en Algérie où il occupe, de 1948 à 1949, le poste de commandant de la division de Constantine, ville où il fait la connaissance de René Mayer, qui en est député. Il est nommé général de corps d'armée en 1952. En mai 1953, à la demande expresse de René Mayer, alors président du Conseil, Navarre remplace le général Salan au poste de commandant en chef des forces françaises en Indochine.

Considéré comme le principal responsable du désastre de Dien Bien Phu, il est remplacé le 3 juin 1954 par le général Ely, qui cumule sa fonction militaire avec celle de haut- commissaire en Indochine. En 1956, Navarre fait valoir ses droits à la retraite, et publie son livre *Agonie de l'Indochine* dans lequel il rend la classe politique responsable de la défaite, *topos* des militaires vaincus, depuis le mythe du *Dolchstoß* (le coup de poignard dans le dos) de l'état-major allemand en 1918 jusqu'au *Good Soldiers, Gutless Politicians* des vétérans américains du Vietnam. Il meurt en 1983.

Avant la bataille, opérations stratégiques : l'opération Castor et l'encerclement

Le 20 novembre 1953, différents bataillons parachutistes sautent sur Dien Bien Phu et s'emparent de la vallée, après un combat rapide contre un détachement de l'armée du Vietminh. C'est le début de l'opération Castor. Bientôt, une piste d'aviation est construite, reprenant le terrain établi par les Japonais pendant la guerre. Des milliers de militaires français sont acheminés, ainsi que des tanks, de l'artillerie lourde et des équipements destinés à établir une série de blockhaus. Mais la capacité aérienne française est tendue à sa limite, et seulement un dixième du matériel nécessaire à la construction et au fonctionnement du camp est apporté à temps. Certaines des unités parachutistes repartent et sont remplacées par des unités arrivant en avion. Les nouveaux arrivants aménagent des emplacements de combat, édifient des fortins en utilisant le bois de certaines habitations du village, de la tôle et des poutres, creusent un vaste réseau de tranchées, posent des mines et des fils de fer barbelés. Mais aucun ouvrage en béton n'est construit. De la tôle et des sacs de terre : voilà l'essentiel des fortifications.

Celles-ci sont organisées selon le principe du « hérisson », testé avec succès à la fin de l'année 1952, à Na San, par le prédécesseur de Navarre, le général Salan. Également ravitaillé par voie aérienne, le camp retranché a usé trois divisions Vietminh. Le concept de défense repose sur un poste principal entouré de plusieurs positions appelées points d'appui (PA), entre lesquelles les vagues d'assaut successives viennent se briser. Les troupes françaises ont déploré moins de 500 pertes, quand celles du Vietminh sont comprises entre

3 000 et 7 000. L'action de l'aviation a été déterminante dans la bataille, mais à Dien Bien Phu, souvent recouvert par la brume et les nuages, ses conditions d'emploi seront beaucoup plus difficiles. Surtout, le Vietminh à Na San ne disposait pas d'artillerie lourde. Les conclusions qu'a tirées le commandement français de cette victoire sont que la tactique devait être répétée à Dien Bien Phu sur une échelle beaucoup plus large. Mais évidemment, le commandement vietminh a retenu la leçon. Si une occasion semblable se présente, il apportera ses canons !

Folie inconcevable

Les huit points d'appui créés à Dien Bien Phu, certains subdivisés en PA plus petits, reçoivent des noms féminins dans l'ordre alphabétique, de A à J. Le centre de résistance principal, autour de Claudine (PC opérationnel), comporte Dominique, Éliane, Françoise, Huguette et Junon. Anne-Marie, sur un plateau, couvre le nord-ouest ; Béatrice, est répartie sur trois collines, le nord-est. Gabrielle se trouve plus au nord, dans l'axe de la piste d'atterrissage. Isabelle est implantée 5 kilomètres au sud, et accueille un peloton de chars censé couvrir l'ensemble.

L'installation et les travaux réalisés par les Français se font au vu et au su du Vietminh, qui occupe les montagnes environnantes. Lorsqu'il apprend ce qui est en train de se passer, le général Giap peut à peine y croire. Une telle folie n'est pas concevable, ce doit être un piège. C'en est un, en effet, mais ce sont les Français qui vont y être pris. Giap relève le gant et ordonne à trois divisions (les 308e et 312e divisions d'infanterie et la 316e division d'artillerie lourde) de commencer à marcher vers Dien Bien Phu. Deux autres divisions, encore plus proches, peuvent être sur place en quelques jours. Navarre pense que Giap ne pourra pas aligner plus de 20 000 hommes, et que ses troupes seront de qualité médiocre, mal équipées, et sans artillerie lourde, comme à Nan San.

Mais Giap n'est pas homme à répéter la même erreur. En réalité, ce sont près de 50 000 hommes qu'il commence à rassembler. À dos d'homme, d'animal, sur toutes sortes d'engins roulants, notamment des vélos Peugeot qui, poussés à la main, supportent des charges supérieures à 200 kg, l'armée Vietminh apporte de nombreuses pièces d'artillerie en pièces détachées et assure le ravitaillement permanent de sa ligne de front. Des nuées de paysans progressent à travers la jungle dans ce qui est un avant-goût de la piste Ho Chi Minh utilisée pendant la guerre du Vietnam contre les États-Unis.

« Comme un poisson dans l'eau »

En décembre, les généraux Navarre et Cogny choisissent le colonel Christian de Castries pour commander le camp. De Castries est un brillant officier de cavalerie, champion d'équitation, rejeton d'une illustre famille. Un commandant de chars, un expert de la guerre mobile. Ce choix est pour le moins curieux pour préparer une défense « en hérisson ». Navarre passe Noël avec les troupes et supervise le travail de construction. Le moral est au plus haut. Pourtant, dès cette date, deux divisions Vietminh occupent déjà les montagnes environnantes, 600 à 700 mètres au-dessus de la plaine, et la seule ligne de communication est la voie aérienne, alors que les lignes de communication Vietminh sont partout. Dans les

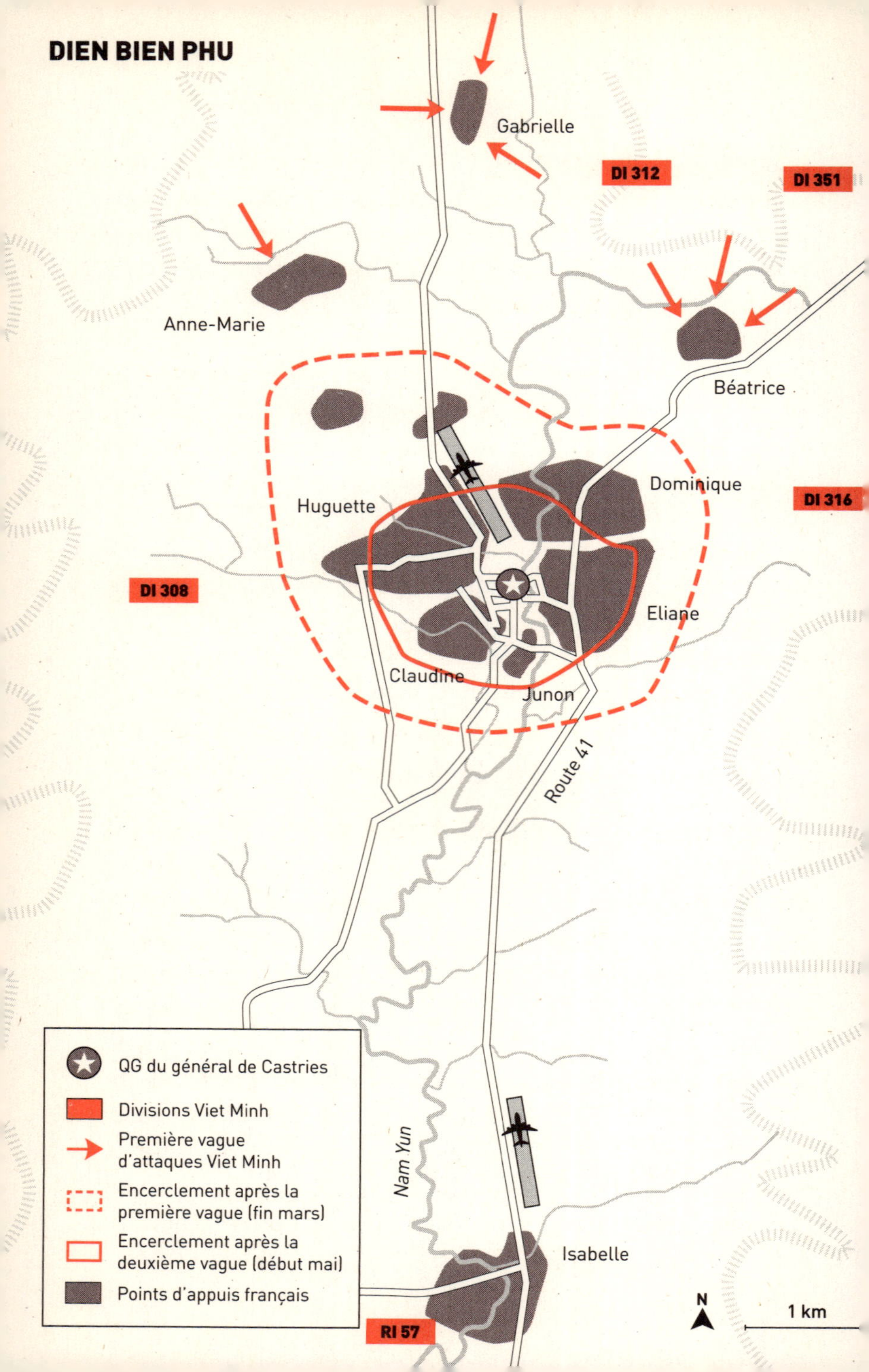
DIEN BIEN PHU
Gabrielle
DI 312
DI 351
Anne-Marie
Béatrice
Dominique
DI 316
Huguette
DI 308
Eliane
Claudine
Junon
Route 41
Nam Yun
Isabelle
RI 57
N
1 km
QG du général de Castries
Divisions Viet Minh
Première vague
d'attaques Viet Minh
Encerclement après la
première vague (fin mars)
Encerclement après la
deuxième vague (début mai)
Points d'appuis français

conditions humides et nuageuses, sous le couvert végétal, les troupes vietminh ne cessent d'arriver et se retranchent tout autour de la vallée. Si les Français avaient eu une idée de la noria de porteurs des dizaines de pièces d'artillerie en pièces détachées à travers la jungle, ils n'auraient peut-être pas autant apprécié les chants de Noël entonnés par leurs camarades allemands de la Légion étrangère[1]. Peut-être était-ce une douce nuit. Mais elle ne le resterait pas longtemps.

De Castries, le cavalier droit dans ses bottes mais englué dans la boue

Christian de La Croix de Castries est né à Paris en 1902, au sein d'une des plus illustres familles françaises. Sa famille est ducale, lui-même porte le titre de comte. Il compte parmi ses ancêtres plusieurs générations de militaires de haut rang. Sorti de l'École de cavalerie de Saumur en 1926, il démissionne assez vite pour se consacrer à l'équitation, sport dans lequel il excelle. Il rejoint l'armée au début de la Seconde Guerre mondiale, est capturé, s'évade en 1941 et rejoint les Forces de la France libre avec lesquelles il combat en Afrique du Nord, en Italie, dans le sud de la France et dans le sud de l'Allemagne comme commandant au 3e régiment de spahis marocains, sous les ordres du colonel Henri Navarre. En 1946, de Castries est envoyé en Indochine. Blessé, il passe un an de convalescence en France avant de revenir au Vietnam en tant que colonel. Nommé général pendant la bataille de Dien Bien Phu, il est fait prisonnier à la chute

1. On estime en général le nombre d'anciens soldats allemands engagés dans la Légion étrangère, entre 1945 et 1954, à entre 20 000 et 30 000, la Légion ne communiquant pas les dossiers personnels de ses engagés. *Cf.* Pierre Thourmelin, *L'Ennemi utile : 1946-1954, des vétérans de la Wehrmacht et de la Waffen-SS dans les rangs de la Légion étrangère en Indochine,* Schenider Text, 2013.

du camp retranché. Libéré après quatre mois de captivité, il rentre en France, est nommé commandant de la 5e division blindée stationnée en Allemagne. À la suite d'un accident de voiture en 1959, il quitte l'armée. Il meurt en 1991 à Paris.

D'un côté, une armée moderne, reliée à ses bases par un pont aérien incessant, souvent gêné par une météo défavorable, isolée en territoire hostile. De l'autre, une armée quatre fois plus nombreuse qui se déplace à pied, *comme un poisson dans l'eau* selon l'expression de Mao. Le vétéran Cao Xuan Nghia, qui a participé à la bataille, raconte le voyage vers Dien Bien Phu : « Pour arriver à Dien Bien Phu, nous avons dû traverser la jungle et les régions montagneuses. [...] De Thai Nguyen, il nous a fallu environ quarante-cinq jours. Nous marchions la nuit et nous reposions le jour. Parfois, nous dormions sur le bord des routes s'il n'y avait pas d'abris autour. Mais souvent, nous creusions des trous individuels avant de nous endormir en cas de bombardement ennemi. Nous marchions de 17 heures jusqu'à 6 heures le lendemain matin. [...] Nous nous reposions parfois dans des cabanes que nous construisions, parfois nous dormions dans les maisons des minoritaires[1]. La pluie était très forte et parfois nous étions trempés. Chacun de nous portait du riz pour une semaine. Lorsque le stock était épuisé, nous arrivions au poste de ravitaillement suivant. Dans nos sacs à dos, chacun de nous avait une couverture, une moustiquaire et un jeu de vêtements de rechange. Nous avions des munitions, cartouches de fusil et grenades à main. [...] Nous avions parfois de la viande, mais

1. C'est ainsi que les Vietnamiens désignent les populations montagnardes non Viet, appartenant à plus de 50 ethnies différentes.

pas beaucoup. Nous cueillions des pousses de bambou et des légumes verts dans la forêt. La majeure partie de nos compléments alimentaires provenait de la population locale. Ils nous ont vraiment soutenus[1]. »

Dépendants des parachutages

Si Navarre a de toute évidence sous-estimé la réaction de l'adversaire, il finit par se rendre compte de l'importance de l'effort vietminh. Mais le camp est totalement encerclé, et les troupes françaises étant arrivées pour la plupart en parachute, les faire repartir en avion demanderait un effort aérien considérable. Par ailleurs, les tanks, que Navarre considérait comme l'arme absolue apparaissent désormais complètement inutiles. Le terrain, qui semblait adapté à la manœuvre sur les cartes, du reste approximatives, est en réalité largement couvert de végétation. La pluie diluvienne qui tombe en permanence aggrave la situation : le sol est si boueux que même les chars s'y embourbent.

En janvier 1954, la totalité des forces de Giap est arrivée sur zone, et a pris ses positions dans la jungle et sur les hauteurs entourant la base française. Pendant qu'elles se retranchent, Giap passe dix jours à étudier les points faibles du dispositif français. Pas question pour lui de jouer le jeu de l'ennemi en gaspillant ses forces lors de vagues d'assaut coûteuses en vies humaines. Ses lignes de communication sont bien établies,

1. *In Vietnam : A Television History, 1983.* WGBH Media Library and Archives http://openvault.wgbh.org/catalog/V_D44BEB9024B24D90973A7B2226C-C1A11#at_340.041_s. Interview donnée en Vietnamien. Traduction de l'auteur à partir des sous-titres anglais (consulté en novembre 2019).

le ravitaillement et les munitions viennent de Tuan Giao à une centaine de kilomètres, et contrairement à ce qu'avaient espéré les Français, il peut assurer le support de ses troupes pendant des mois, si ce n'est indéfiniment. Les défenseurs français, tout au contraire, sont entièrement dépendants des parachutages, et lorsque les conditions atmosphériques sont difficiles, les charges sont soit perdues, et parfois récupérées par le Vietminh, soit retournent à la base. Le temps joue pour Giap. Il décide donc d'attendre et fait sien l'aphorisme attribué à Napoléon Bonaparte : « N'interrompez jamais un ennemi qui est en train de faire une erreur. »

Giap n'attaque pas

Pendant les mois de février et mars, dans le brouillard humide, Giap laisse les éléments travailler pour plomber le moral de l'adversaire. Les Français sont frustrés : ils espéraient que le Vietminh tenterait d'emporter leur position de vive force, chargerait face à leur artillerie, notamment leurs 20 obusiers de 105 mm. Tout se passe comme si Navarre s'attendait à ce que l'adversaire fasse exactement ce qu'il avait envie qu'il fasse. Or, l'art de la guerre nécessite au contraire de se préparer à ce que l'on ne voudrait pas qu'il fasse.

Giap a obtenu de l'Union soviétique une quarantaine de canons de 105 mm, et il prend le temps de les retrancher dans les pentes des collines pour éviter les tirs de contre-batterie. Il dispose également de 150 pièces d'artillerie plus légères. Les jours passent, Giap n'attaque pas, Navarre s'assombrit. A-t-il compris que le destin de Dien Bien Phu est fixé, et que ses défenseurs sont condamnés ? Il ne peut en tout cas pas l'admettre publiquement.

Déroulement de la bataille : l'agonie de Dien Bien Phu

Le général Giap décide de passer à l'offensive le 13 mars 1954. Le colonel de Castries en est prévenu par des prisonniers pris lors d'une patrouille de reconnaissance. À 17 heures, il se retire dans son bunker pour garder le contact avec le général Cogny à Hanoï, ainsi qu'avec ses subordonnés, éparpillés dans tout le camp qui s'étend sur 13 kilomètres de long et 6 kilomètres de large. C'est là qu'il entend le déclenchement soudain de la canonnade. La puissance de l'artillerie Vietminh apparaît immédiatement écrasante, sans commune mesure avec ce qui était prévu, les défenseurs sont totalement dépassés. Les Français attendaient des vagues de fantassins se faisant massacrer sous leur feu, et ce sont eux qui sont écrasés sous un pilonnage intense. Les canons vietminh, parfaitement camouflés, sont indécelables. Le chaos règne dans le camp retranché. Les fils téléphoniques, que personne n'a jugé utile d'enterrer, sont souvent coupés par les impacts des obus. Le commandant de l'artillerie française, le lieutenant-colonel Charles Piroth, qui s'était vanté qu'aucun canon Vietminh ne pourrait tirer plus de trois coups avant d'être détruit par les tirs de contre-batterie français, est totalement désemparé. Le 15 mars, cet officier, vétéran de la campagne d'Italie, qui a perdu un bras en Indochine en 1946, se donne la mort dans son PC, en se faisant exploser une grenade contre la poitrine.

Une vingtaine de prostituées

Giap lance l'attaque très vite, et l'infanterie Vietminh est à son tour taillée en pièces par les tirs concentrés d'artillerie. Des centaines de paysans-soldats se lancent à l'assaut sous un déluge de balles de mitrailleuses, leurs corps déchiquetés bloquent les meurtrières de tir des défenseurs, ou, emmêlés dans les barbelés sur lesquels ils se sont jetés, servent d'appui à leurs camarades qui passent par-dessus. Le point d'appui Béatrice, au nord-est de la position, est emporté. Sur ses 750 défenseurs, 194 soldats survivent.

Le 28 mars, un avion qui essaie d'évacuer des blessés est détruit au sol. Un des passagers, le lieutenant infirmière convoyeuse de l'air Geneviève de Galard Terraube, plus tard surnommée « l'ange de Dien Bien Phu », reste sur place à son corps défendant, le terrain d'aviation étant désormais inutilisable. Contrairement à la légende, elle n'est pas la seule femme du camp retranché : une vingtaine de prostituées du BMC[1], vietnamiennes, mais aussi thaïlandaises et algériennes, deviennent également infirmières.

Nuit et jour, le camp subit les tirs de l'artillerie installée sur les montagnes environnantes. Le périmètre défendu ne cesse de rétrécir, et les nouvelles de l'agonie de Dien Bien Phu se répandent dans tout le Vietnam. Loin de hâter les

1. Bordel militaire de campagne. Le concept, s'il n'est pas nouveau, est institutionnalisé en Indochine à la demande du haut commandement, alors même que la loi Marthe Richard du 13 avril 1946 interdit les maisons de tolérance en métropole. Jean-Marc Binot, *Le Repos des guerriers. Les bordels militaires de campagne pendant la guerre d'Indochine*, Fayard, 2014, p. 221.

négociations, le commandement s'obstine, et les volontaires français affluent pour sauter sur le camp et mourir aux côtés de leurs camarades dont le destin est scellé. C'est un mouvement comparable qui pousse, en 1831, les Texans vers Alamo, menacé d'encerclement par les troupes de Santa Anna, sans espoir de secours. Mais ce que l'on peut comprendre chez des militaires souvent jeunes, épris de romantisme et en quête d'héroïsme, est plus étonnant chez des officiers supérieurs professionnels. C'est sans doute ce qui reste fascinant à Dien Bien Phu : l'obstination du haut commandement, son refus de mettre un terme au gâchis, comme un joueur de roulette qui joue son tapis et refuse de voir qu'il court à sa ruine. Et en la matière, si la responsabilité de Navarre est essentielle, elle est largement partagée.

Le périmètre ne cesse de rétrécir

Le commandant Marcel Bigeard arrive parmi les renforts. Il a participé à l'opération Castor en sautant sur Dien Bien Phu le 20 novembre 1953, puis en a été retiré pour intervenir sur d'autres théâtres d'opérations au Laos. Il est de nouveau parachuté avec son bataillon le 16 mars 1954. Nommé lieutenant-colonel lors des combats, il devient l'un des héros de la bataille en combattant sur les points d'appui Éliane 1 et Éliane 2. Le 30 mars, Dominique 2, la colline la plus élevée du camp retranché, et Éliane 1 sont perdues. C'est le début de la bataille des cinq collines, bataille dans la bataille. Le lendemain, le commandement français décide de lancer une contre-attaque et reprend les deux positions, qui doivent être de nouveau abandonnées faute de troupes de relève.

Le périmètre tenu par les Français ne cesse de se rétrécir. Parfois, des contre-attaques lancées par les parachutistes regagnent une position perdue, mais elle doit souvent être abandonnée peu après, faute de munitions, de relève, de soutien. Comme dans les combats de tranchées de la Première Guerre mondiale, les positions françaises sont minées, ou des tranchées Vietminh sont creusées jusqu'à quelques mètres d'elles, amenant parfois au combat au corps à corps. Les lourdes pluies continuent à entraver les opérations aériennes, les avions sont obligés de voler très bas et subissent des pertes considérables du fait de la DCA : pendant le siège, 62 avions sont abattus et 167 lourdement endommagés. À 600 kilomètres de leur base, ils volent, en outre, à la limite de leur rayon d'action, et le temps consacré à la mission de combat est très réduit.

Le 1er avril, Éliane 1 tombe. Le 5 avril, à l'ouest du dispositif, certaines positions d'Huguette sont prises ou encerclées. Beaucoup de soldats français, complètement démoralisés, se cachent au bord de la rivière Nam Youn qui traverse le camp retranché. Sur les 12 000 hommes de la garnison, on estime que 4 000 hommes se battent, les autres étant blessés, morts ou cachés, origine de la légende selon laquelle « à Dien Bien Phu, seuls les paras et la Légion se sont battus ». Le commandement opérationnel est assuré par le colonel Pierre Langlais, promu pendant le siège, assisté de Bigeard. Le 10 avril, ce dernier reprend Éliane 1, mais le périmètre du camp ne cesse de s'amenuiser pendant le mois d'avril. De ce fait, bon nombre des parachutages tombent entre les mains du Vietminh, ce qui ne fait qu'entamer encore plus le moral des assiégés.

Camps de rééducation

L'assaut final est lancé le 1er mai. Pilonnage intense d'artillerie, puis assaut massif et généralisé par les divisions 312 et 316 à l'est, et 308 à l'ouest. Un dernier bataillon de parachutistes saute sur le camp « pour l'honneur ». Le 4 mai, à 17 heures, Éliane 2 est la dernière colline à tenir. Un bataillon de marche, formé par tous les rescapés des différentes unités, y monte pour un dernier baroud d'honneur. Le 5 mai a lieu un largage de volontaires non brevetés parachutistes, « les paras d'un jour ». Le 6 mai, une mine placée sous Éliane 2, sapée depuis une quinzaine de jours, fait sauter la colline. Le 7 mai, le désormais général de Castries reçoit l'ordre de cesser le combat à 17 heures 30. Constatant l'absence de tirs, les soldats vietminh investissent le camp qui tombe après 57 jours et 57 nuits de combats ininterrompus. Dien Bien Phu a peut-être été la bataille la plus terrible de l'après-Deuxième Guerre mondiale, mais ses défenseurs survivants n'en ont pas fini. 11 700 soldats français sont pris par le Vietminh, qui sépare immédiatement les officiers de la troupe et les Européens des Indochinois – ces derniers au nombre de 3 000. On ne les reverra jamais. Les autres doivent se mettre en route pour une interminable marche de 700 kilomètres vers les camps de rééducation communistes situés près de la frontière chinoise. Après la signature des accords de Genève fin juillet, seulement 3 290 sont libérés : exténués, squelettiques, dans un état sanitaire catastrophique. Les 8 410 autres sont morts de faim, d'épuisement et de mauvais traitements.

Dien Bien Phu ou le piège abscons

La science psychologique apporte un éclairage précieux sur la mécanique de l'obstination française. La bataille est l'exemple même du piège abscons, tel que le décrivent Jean-Léon Beauvois et Jean-Pierre Joule[1]. Le piège abscons est une chausse-trappe psychologique que l'on se tend à soi-même. Il correspond à la tendance à persévérer dans une action sans issue, attitude mise au jour en 1947 par le psychologue américain Kurt Lewin, le théoricien de la dynamique de groupe. Les individus comme les groupes ont tendance à croire que leurs premiers choix sont bons, et les engagent vis-à-vis d'eux-mêmes comme des autres. Malgré les premiers échecs, ils persévèrent. Et plus l'investissement en temps, en ressources, en argent ou en vies humaines est important, plus ils se sentent engagés. C'est ce qu'on appelle l'escalade de l'engagement, un comportement humain dans lequel un individu ou un groupe, confronté à des résultats de plus en plus négatifs découlant d'une décision, maintiennent des comportements irrationnels qui s'alignent sur les décisions et actions précédentes, et ne peuvent s'en libérer.

La guerre du Vietnam, autre piège abscons

En 1965, George Ball, sous-secrétaire d'État des États-Unis, explique dans une note au président Lyndon B. Johnson qu'une trop grande implication militaire au Vietnam prépare un piège abscons.

« La décision à laquelle vous devez faire face est donc cruciale. Une fois qu'un grand nombre de troupes américaines auront été engagées dans le combat direct, elles commenceront à subir de lourdes pertes dans une guerre où elles sont mal équipées pour

1. Jean-Léon Beauvois et Jean-Pierre Joule, *Petit traité de manipulation à l'usage des honnêtes gens*, Presses universitaires de Grenoble, 2002.

se battre dans un pays peu coopératif, voire carrément hostile. Une fois que nous aurons subi de lourdes pertes, nous aurons entamé un processus quasi irréversible. Notre implication sera si grande que nous ne pourrons pas renoncer à atteindre complètement nos objectifs, sans accepter une humiliation nationale. De ces deux possibilités, je pense que l'humiliation est plus probable que l'atteinte de nos objectifs, même en assumant des coûts démesurés[1]. »

Conséquences : vers la guerre du Vietnam

Le 21 juillet 1954 sont signés les accords de Genève, aboutissement de négociations qui ont débuté dès le 26 avril, alors que la bataille faisait rage, avec la participation de 19 nations. Les négociations portent aussi sur la Corée, mais seules les négociations sur l'Indochine aboutissent, conduisant à la partition entre Nord et Sud Vietnam.

À la suite de ces accords, la France perd toute influence dans la péninsule indochinoise, contrairement aux États-Unis, à la Chine et à l'Union soviétique. La confrontation entre le monde communiste et le « monde libre » n'est pas terminée pour autant. Indochine se dit désormais Vietnam, et les deux blocs s'y livrent une guerre par procuration, une *proxy war*, dans laquelle les États-Unis interviennent directement à partir de 1964. La péninsule indochinoise basculera totalement dans le communisme avec la chute de Saigon en 1975, rebaptisée Ho Chi Minh Ville, suivie par la prise du

1. George Ball, *A Compromise Solution in South Vietnam*, 1er juillet 1965 in *The Pentagon Papers*, Gravel Edition, volume 4, Boston : Beacon Press, 1971, pp. 615-619 (Traduction de l'auteur).

pouvoir par les communistes au Laos, et par l'arrivée des Khmers rouges au Cambodge en 1976. Cela n'empêchera pas les pays du bloc communiste de se faire la guerre, le Vietnam renversant le régime des Khmers rouges dès 1979, la Chine envahissant en retour le nord du Vietnam.

La bataille au cinéma

• *Dien Bien Phu*, film franco-vietnamien de Pierre Schoendoerffer de 1992. Les personnages de ce film choral portent des noms fictifs, mais leurs rôles sont inspirés par des personnages présents à Dien Bien Phu, que le réalisateur a connus de près puisqu'il y était lui-même caméraman pour le service cinématographique des armées. L'un de ses fils, Ludovic Schoendoerffer, également crédité comme monteur son, le représente dans le film. Son aîné, Frédéric Schoendoerffer, est premier assistant-réalisateur. Cette dimension familiale, essentielle pour le réalisateur qui a cherché à transmettre son attachement viscéral au Vietnam à travers toute son œuvre, suscite une indéniable émotion, amplifiée par la musique élégiaque de Georges Delerue. *Dien Bien Phu*, c'est un peu *Le Mépris* de Jean-Luc Godard, sans le chapeau de Michel Piccoli ni Brigitte Bardot... Malgré ses dialogues parfois sur-écrits, le film transcrit parfaitement l'atmosphère d'abandon et de déliquescence générale qui marque la fin de l'Indochine française.

• *Apocalypse Now Redux*, film américain de Francis Ford Copolla, 2001. Un film sur le Vietnam parlant de Dien Bien Phu ? Dans ce nouveau montage du film *Apocalypse Now*, Copolla rétablit une scène de vingt-quatre minutes qu'il avait totalement coupée au montage de la version initiale sortie en 1979. Le capitaine Willard (Martin Sheen) et ses hommes sont accueillis dans une plantation française perdue dans la jungle, défendue par d'improbables militaires, dont certains sont des légionnaires. On peut voir toute la scène comme une représentation symbolique, onirique et fantomatique de Dien Bien Phu : les honneurs militaires rendus avec des moyens dérisoires dans une atmosphère brumeuse, les Français accrochés à leur rêve d'empire, l'aristocrate Hubert de Marais n'arrivant pas à maintenir la cohésion du groupe, les désaccords politiques, tout cela lié par les clichés hollywoodiens relatifs aux Français. Ces derniers parlent gastronomie, vins fins et littérature lors d'un repas formel, sans oublier la présence de Roxanne, archétype de la Française irrésistible, interprétée par Aurore Clément, ni l'incontournable accordéon. On échappe tout juste à Édith Piaf jouée sur un gramophone. Mais la folie, le déni du réel, la fierté démesurée évoquent paradoxalement Dien Bien Phu avec force, même si l'action du film se passe vingt ans plus tard.

Remerciements

De nombreuses personnes m'ont aidé dans la réalisation de ce livre, et je veux notamment adresser mes remerciements, par ordre d'apparition dans le projet, à Olivier Calon pour ses encouragements, la précision et la pertinence de ses conseils, et à mon éditeur Stéphane Chabenat, pour sa confiance et sa patience, ainsi qu'à Pauline Labbé pour son accompagnement précis dans la préparation de la publication. Grand *gamer* devant l'éternel, et spécialiste mondialement reconnu du jeu vidéo, Ferdinand *aka* Rokfer m'a prodigué des éclairages stimulants sur cette culture particulière. Dans un registre plus académique, merci du fond du cœur à Faizah Mokhtari, responsable du pôle Histoire et études moyen-orientales de la bibliothèque universitaire des Fenouillères à Aix-Marseille Université, pour son aide précieuse et son soutien attentif et discret. Un grand merci à Nguyen Phuong Ngoc, directrice de l'Institut de recherches asiatiques d'Aix-Marseille Université, pour ses explications et ses conseils sur l'orthographe des noms propres vietnamiens.

Grigory Valeryevich Terekhin et Paulina Palkowska pour leur vérification de mes traduction et translitération du russe, Alara Su Sayikli pour ses éclairages sur la perception de Çanakkale en Turquie, ont tous trois droit à mes remerciements sincères.

Thomas Hamel, à travers notre collaboration, a produit un travail cartographique relevant le triple défi de l'originalité, de la clarté et de l'élégance. Merci.

Clara m'a servi de scribe, – une situation assise, comme on le sait depuis l'Égypte ancienne, – à un moment où des événements malencontreux m'empêchaient précisément d'occuper une telle situation. Enfin, *last but not least*, merci à Jean-Pierre Darmon, relecteur sourcilleux.

Malgré la qualité de l'ensemble de ces contributions, des erreurs ont pu se glisser dans le texte final. Moi seul bien sûr devrais alors en être tenu responsable.

Merci également à Patrick Bouchitey, Pierre Corneille, Jean de La Fontaine, René Goscinny, Jean Racine, John Ronald Reuel Tolkien et Léon Tolstoï.

Index

Æmilius Paullus Macedonicus, Lucius : 23
Airey, général : 66
Akar, Sedar : 166
Albret, Charles d', Connétable de France : 44, 47
Alençon, Jean Ier, duc d' : 47
Alexandre de Macédoine : 14, 103
Alexeiev, Ievgueni Ivanovitch, vice-amiral : 139
Annaud, Jean-Jacques : 166
Armagnacs : 44 à 47
Asquith, Herbert : 163, 164
Azincourt, Ysambart d' : 41
Ball, George : 188, 189
Bardot, Brigitte : 190
Bartle Frere, Henry Edward, premier baronet : 103, 104, 119
Beauvoir De Lisle, Henry de : 160
Beauvois, Jean-Léon : 188
Belknap, William Worth : 87
Benioff David : 31
Benteen, Frederick : 80 à 99
Bigeard, Marcel : 185, 186
Birdwood, William : 148, 151
Birilov, amiral : 132
Blücher, Gebhard Leberecht von : 155
Bonaparte, Louis-Napoléon, prince : 52, 109
Bonaparte, Napoléon : 10, 59, 182
Bosquet, général : 69
Boucicaut (Jean II Le Meingre), Maréchal de France : 47
Bourguignons : 44 à 50
Bournonville, Robinet de : 41
Bowie, David : 139
Branagh, Kenneth : 48
Bridges, William : 153
Buckingham, duc de : 38
Buffalo Bill : 100
Byng, Julian : 161
Caine, Michael : 120
Calhoun, James : 91, 96
Canrobert, général : 60
Carden, Sackville Hamilton : 146
Cardigan, James Thomas Brudenell, Lord : 51 à 74

Carnegie, Andrew : 88
Carr, major : 84
Castries, Christian de La Croix de, : 9, 177, 179, 183, 187
Caton l'Ancien : 30
Cetswayo kaMpande : 103 à 120
Charles VI, roi de France : 45, 47
Chelmsford, Frederic Augustus Thesiger, Lord : 104 à 120
Churchill, Winston : 72, 143, 163, 164
Clausewitz, Carl von : 49
Clément, Aurore : 191
Clinquart, Pierre : 73
Cogny, René : 172 à 191
Constantin Ier : 148
Copolla, Francis Ford : 190
Crazy Horse : 84 à 100
Crépin et Crépinien, Saints : 33, 51
Crook, George : 87, 89, 98
Curtiz, Michael : 73
Custer, Elisabeth « Libbie », née Bacon : 95
Custer, George Armstrong : 75 à 100
Custer, Margaret : 91
Custer, Tom : 91
Dabulamanzi : 118
Delerue, Georges : 190
Deneuve, Catherine : 100
Depp, Lily-Rose : 49
Disraeli, Benjamin : 74, 110
Doors, The : 165
Durnford, colonel : 101 à 120
Eastwood, Clint : 166
Édouard III, roi d'Angleterre : 38
Elliot, lieutenant (Alexander) : 65
Elliott, Joel : 83
Elmham, Thomas : 43
Ely, Paul : 174
Endfield, Cy : 120
Enver Pacha : 145
Fabius Maximus, Quintus : 18, 20, 27
Ferreri, Marco : 100
Fisher, John : 163
Fluellen (personnage fictionnel), voir Llewellyn
Flynn, Errol : 73, 99
Forsyth, colonel : 84
Frick H. C. : 88
Galard Terraube, Geneviève de : 184
Gall : 89, 96
Gam, Davy (personnage fictionnel) : 43

Gand, Jean de, duc de Lancastre : 38
Gaulle, Charles de : 7, 169
Geronimo : 87
Giap, Vo Nguyen : 169 à 184
Gibbon, John : 87, 97
Gibson, Mel : 165
Giono, Jean : 165
Gladstone : 110
Glyn, colonel : 105
Godard, Jean-Luc : 190
Gower (personnage fictionnel) : 41
Grant, Orvil : 88
Grant, président : 88
Guyenne, Louis de, Dauphin de France : 45
Hamilcar Barca : 15
Hamilton, Ian : 147 à 162
Hanks, Tom : 49
Hannibal Barca : 15 à 30
Harriman, E. H. : 88
Hasdrubal Barca : 15, 25
Havilland, Olivia de : 99
Henry V de Lancastre, roi d'Angleterre : 34 à 50
Hickox, Douglas : 120
Ho Chi Minh : 167, 169, 177, 189
Hoffman, Dustin : 100
Howard, Trevor : 73
Hunter-Weston, Aylmer : 149
Jenkins, Leeroy, (personnage fictionnel) : 50
Jobert, Marlène : 165
Johnson, Lyndon B. : 188
Jones, James : 65
Joule, Jean-Pierre : 188
Kalashnikov : 115
Kelly, Richard : 43
Kemal, Mustapha : 151 à 166
Keyes, Roger : 146
Kipling, Rudyard : 53, 65
Kitchener, Horatio Herbert : 147 à 166
Klado, Nikolaï Lavrentievitch : 130
Klein, Gérard : 165
Knolles, Robert : 38
Koutouzov, Mikhaïl : 122
Lancaster, Burt : 120
Langlais, Pierre : 186
Lee, général : 78
Leeroy Jenkins, voir Jenkins
Lénine, Vladimir Ilitch Oulianov, dit : 138
Lewin, Kurt : 188
Liddell Hart, Basil Henry : 16
Liman von Sanders, Otto : 145, 148, 165
Lipandri, général : 63
Llewellyn ou Fluellen (personnage fictionnel) : 41, 48

Lloyd George, David : 159, 160, 164
Logan ou Wolverine, un des X-men : 77
Lucan, George Bingham, Lord : 52 à 74
MacDonald Fraser, George : 72
Macefield, Charles (personnage fictionnel) : 73
Mahan, Alfred Thayer : 123 à 125
Maharbal : 25, 27, 29
Malick, Terence : 65
Mao Zedong : 123
Martini-Henry : 115, 118
Marton, Andrew : 65
Marvel : 77
Mastroianni, Marcello : 100
Mayer, René : 174
McDougall, Thomas, capitaine : 91
Menchikov, prince : 58, 63
Messadié, Gérald : 73
Mezzogiorno, Vittorio : 165
Michôd, David : 45, 49
Miles, Nelson, général : 97
Milosevic, Slobodan : 141
Monro, Charles : 162
Morgan, J. P. : 88
Mulligan, Richard : 100
Murat, Joachim, roi de Naples : 77, 78
Murdoch, Keith : 161
Murdoch, Rupert : 162
Myers, capitaine : 83
Napoléon Ier : 10, 59, 182
Napoléon III : 52, 109
Navarre, Henri Eugène : 171 à 185
Nebogatov, Nikolaï Ivanovitch : 130, 131, 133, 136, 137
Nelson, Horatio : 143
Nghia, Cao Xuan : 180
Nicolas Ier : 52, 55, 57
Nicolas, grand-duc de Russie : 145
Niven, David : 73
Noiret, Philippe : 100
Nolan, Lewis Edward : 52, 62, 66, 69
Ntshingwayo kaMahole Khoza : 107
O'Toole, Peter : 120
Olivier, Laurence : 44, 48
Orléans, Charles duc d' : 47
Oshima, Nagisa : 139
Pattinson, Robert : 45, 49
Paul Émile (Lucius Æmilius Paulus) : 14, 19, 22 à 25
Pearson, colonel : 105
Penn, Arthur : 82, 100

Philippe Auguste, roi de France : 34
Piaf, Édith : 191
Piccoli, Michel : 100, 190
Piroth, Charles : 183
Polybe : 20, 22, 25, 29
Powell, major : 84
Pulleine, lieutenant-colonel : 101, 110 à 116
Quinn, Anthony : 99
Raglan, FitzRoy James Henry Somerset, Lord : 51 à 74
Red Cloud : 84
Reed, Henry Armstrong « Autie » : 91
Reggiani, Serge : 100
Reno Marcus, major : 79 à 100
Revers, Georges : 171
Richard, Marthe : 184
Richardson, Tony : 73
Robeck, John de : 146, 147
Roberts, lieutenant : 113
Robin des Bois (personnage fictionnel) : 44
Rockefeller, John D. : 88
Rojestvensky, Ziovi Petrovitch : 121 à 139
Roman Nose : 84
Rowlands, colonel : 105
Sakamoto, Ryuchi : 139
Salan, Raoul : 174, 175
Sapochnik, Miguel : 31
Scarlett, James York, Lord : 63, 65, 70
Schlieffen, Alfred von : 30
Schoendoerffer, Frédéric : 190
Schoendoerffer, Ludovic : 190
Schoendoerffer, Pierre : 190
Scipion (Publius Cornelius Scipio) : 23, 30
Sezgin, Yesim : 165
Shaka, roi : 103
Shakespeare, William : 33, 34, 37, 41, 43, 44, 45, 48, 49
Sheen, Martin : 190
Sheridan, Philip : 78, 80, 82, 87, 88
Sherman, general : 88, 97
Shrek (personnage fictionnel) : 44
Sihayo : 103, 104, 108
Sitting Bull : 85, 89, 98, 99
Smith-Dorrien, sir Horace Lockwood : 117
Snow, Jon (personnage fictionnel) : 31
Snyder, Zack : 31
Spielberg, Steven : 49
Stendhal : 48

Stone, Oliver : 31
Stopford, Frederick : 155, 156, 158, 160
Suffolk, comte : 43
Tall Bull : 84
Tennyson, Alfred : 68
Terry, général : 87, 88, 90, 97, 98
Thomson, capitaine : 83
Tirpitz, Alfred von : 123
Tite-Live : 20, 22, 29
Tognazzi, Ugo : 100
Togo, Heihachiro : 123, 132, 133, 134, 137
Tolstoï, Léon : 60, 194
Trotski, Léon (Lev Davidovitch Bronstein, dit) : 138
Uzu Kemal : 166
Vanderbilt, Cornelius : 88
Varron (Gaius Terentius Varro) : 13 à 31
Vénizélos, Eléftherios : 148
Vergez, Gérard : 165
Victoria, reine d'Angleterre : 102, 110
Villon, François : 47
Walsh, Raoul : 99
Warrenton, Benjamin (personnage fictionnel) : 73
Warwick : 37
Weir, Peter : 165
Weiss, Daniel Brett : 31
Wellington : 58, 59
Westmorland : 37
White Bull : 96
Witte, Serge (Sergueï Ioulievitch) : 138
Wolseley, Sir Garnet : 109
Wolverine, voir Logan
Wood, colonel : 105
Woodham-Smith, Cecil : 73
Woodstock, Édouard de, dit le Prince Noir : 38
York, Édouard, duc d' : 43

Bibliographie

Bibliographie générale, en français et en anglais pour les livres non traduits, sur le sous-genre littéraire des batailles décisives

Brillaud, Benjamin, NOTA BENE, *Les Pires Batailles de l'histoire*, Robert Laffont, 2016.

Colin, L-C, *Les Grandes Batailles de l'histoire de l'antiquité à 1913*, Flammarion, 1919.

Colvin, John, *Decisive Battles*, Headline Book Publishing, 2003.

Creasy, Edward Shepherd, *The Fifteen Decisive Battles of the World : from Marathon to Waterloo*, 1851.

Drévillon, Hervé, *Batailles : scènes de guerres de la table ronde aux tranchées*, Seuil, 2007.

Encel, Frédéric, *L'Art de la guerre par l'exemple, stratèges et batailles*, Flammarion, 2008.

Fuller, John Frederick Charles, *The Decisive Battles of the Western World and Their Influence Upon History*, 2 vol : -480 – 1757 (v. 1) ; 1792 – 1944 (v.2).[1]

Garnier, Jacques (sous la direction de), *Dictionnaire des guerres et des batailles de l'histoire de France*, Perrin, 2004.

Haberey, Gilles et Perot, Hugues, *L'Art de conduire une bataille*, Éditions Pierre de Taillac, 2016.

Haberey, Gilles et Perot, Hugues, *Les 7 péchés capitaux du chef militaire*, Éditions Pierre de Taillac, 2017.

---

1. Les sympathies ouvertement nazies de JFC Fuller, *major-general* retraité de l'armée britannique, ne l'ont pas empêché de publier régulièrement jusqu'à la veille de sa mort en 1966, âgé de 88 ans.

Hanson, Victor Davis, *Carnage et Culture : les grandes batailles qui ont fait l'Occident,* Flammarion, 2002.

Joffrin, Laurent, *Les Grandes Batailles navales : De Salamine à Midway,* Seuil, 2005.

Keegan, John, *Anatomie de la bataille,* Robert Laffont, 1993.

Le Moing, Guy, *Les 600 plus grandes batailles navales de l'histoire,* Marines Éditions, 2011.

Lévy, Joël, *Les Pires Batailles de l'histoire,* Terre Édition, 2014.

Macdonald, John, *Grandes batailles de l'histoire mondiale,* Albin Michel, 1985.

Regan, Geoffrey, *Battles that changed history,* Carlton, 1992.

Bibliographie sélective par chapitres, en français et en anglais pour les livres non traduits, incluant les livres cités en notes infra-paginales.

Cannes

Bordet, Marcel, *Précis d'histoire romaine,* Armand Colin, 2013.

Liddell Hart, Basil Henry, *Stratégie,* Perrin, traduction de Lucien Poirier, Paris, 1998. Avant d'être refondu sous le titre de *Strategy,* le titre original de cet ouvrage était *The Decisive Wars of History* (1929).

Hanson, Victor Davis, *Carnage et culture, les grandes batailles qui ont fait l'Occident,* traduit de l'anglais par Pierre-Emmanuel Dauzat, Paris, Flammarion, 2001.

Lopez Jean, Otkhmezuri Lasha, *Barbarossa : 1941 – La guerre absolue,* Passés Composés, 2019.

Lopez, Jean, *1745-1945, deux siècles de fureur et de mythes,* in *Guerres et Histoire n° 7,* Mondadori, 2012.

Widemann, Thierry, *Cannes : la pensée allemande prise à son propre piège,* in *Guerres et Histoire n° 7,* Mondadori, 2012.

Azincourt

Curry, Anne, *Agincourt, a New History,* the History Press Limited, 2006.
Keegan, John, *Anatomie de la bataille,* Rober Laffont, 1993.
Shakespeare, William, *Henri V,* éditions bilingue, traduction de Marcel Sallé, Les Belles Lettres, 1961.

Balaclava

Barbero, Alessandro, *Waterloo,* traduit de l'italien par Elizabeth Auster, Flammarion, 2005.
Churchill, Winston, *Mes jeunes années*, traduction de Jean Rosenthal, Tallandier, 2007.
Fletcher, Ian, *Galloping at Everything : The British Cavalry in the Peninsular War and at Waterloo 1808-15,* Stackpole Books, 1999, réédition The History Press, 2008.
MacDonald Fraser, George, *Flashman at the Charge,* Barrie & Jenkins, 1973.
Mallia, Matthew, *"Galloping at Everything" : Wellington and the British Heavy Cavalry Charge at Waterloo"*, PhD History, University of Edinburgh.
Murray, John, éditeur : « Lettre au Lieutenant General Sir R. Hill, 18 juin 1812 », in *The Dispatches of Field Marshal The Duke of Wellington During his Various Campaign in India, Denmark, Portugal, Spain, the Low Countries, and France, from 1799 to 1818,* vol. IX, London, John Murray, 1838.

Strachan, Hew, *From Waterloo to Balaclava : Tactics, Technology, and the British Army 1815-1854*, Cambridge University Press, 1985.

Woodham-Smith, Cecil, *The Reason Why : The Story of the Fatal Charge of the Light Brigade*, Penguin Books, 1991.

Little Bighorn

Browning, Frank et Gerassi, John, *Histoire criminelle des États-Unis*, Nouveau monde, 2015.

Cornut, David, *Little Bighorn, autopsie d'une bataille légendaire*, Éditions du Rocher, 2018.

Frost, Lawrence A., *The Court Martial of General George Armstrong Custer*, University of Oklahoma Press, 1968.

Kamienski, Lukasz, *Les Drogues et la Guerre de l'antiquité à nos jours*, Nouveau Monde, Paris, 2017.

Robbins, James, *Last in Their Class : Custer, Pickett and the Goats of West Point*, Encounter Books, 2006.

Slotkin Richard, *The Fatal Environment : The Myth of the Frontier in the Age of Industrialization, 1800-1890*, University of Oklahoma Press, 1998.

Isandlwana

Drame, Pape, *La Bataille anglo-zoulou d'Isandhlwana, 1879. Une réponse indigène à un défi militaire colonial*, Institut de stratégie compare, in *Stratégique n° 88*, 2007.

Knight, Ian, *Isandlwana 1879 : The Great Zulu Victory*, Osprey, 2002.

Smith-Dorrien, Horace, *Memoirs of Forty-eight Years Service*, chapitre 1, London, 1925. Réédité depuis sous le titre *Memories of Forty-eight Years Service.*

Snook, Mike, *How Can Man Die Better : The Secrets of Isandlwana Revealed*, Greenhill Books, 2006.

Tsushima

Semonoff, Vladimir, *The Russo-Japanese War at Sea, Volume 2 : The Battle of Tsushima and the Aftermath*, Leonaur, 2014.

Dardanelles

Archer, Major Stuart J., *Command crisis : Influence of Command Culture on the Allied Defeat at Suvla Bay*, Pickle Partners Publishing, 2015.

Erickson, Edward J., *Gallipoli : Command under Fire*, Osprey Publishing, 2015.

Dien Bien Phu

Ball George, *A Compromise Solution in South Vietnam*, 1er juillet 1965 in *The Pentagon Papers*, Gravel Edition, volume 4, Boston : Beacon Press, 1971.

Beauvois, Jean-Léon, et Joule, Jean-Pierre, *Petit traité de manipulation à l'usage des honnêtes gens*, Presses universitaires de Grenoble, 2002.

Binot, Jean-Marc, *Le Repos des guerriers. Les bordels militaires de campagne pendant la guerre d'Indochine*, Fayard, 2014.

Thourmelin, Pierre, *L'Ennemi utile : 1946-1954, des vétérans de la Wehrmacht et de la Waffen-SS dans les rangs de la Légion étrangère en Indochine*, Schenider Text, 2013.

Table des matières

Introduction **7**

Cannes (Italie, 216 avant J.-C.) **13**

La plus grande défaite de Rome, ou comment abandonner une stratégie gagnante et se jeter dans la gueule du loup

Situation géopolitique générale : la lutte à mort entre Rome et Carthage 14

Avant la bataille, opérations stratégiques : la maîtrise de l'approche indirecte 16

Déroulement de la bataille : les mâchoires se referment 21

Conséquences : les délices de Capoue 29

Azincourt (France, 1415) **33**

Obéir aux lois de l'honneur, ou comment retomber sans fin dans le même piège

Situation géopolitique générale : une accalmie dans la guerre de Cent Ans 34

Avant la bataille, opérations stratégiques : une chevauchée en terres françaises 35

Déroulement de la bataille : sous une pluie de flèches 39

Conséquences : l'idéal chevaleresque vit encore 45

Balaclava (Crimée, 1854) **51**

« C'est magnifique, mais ce n'est pas la guerre : c'est de la folie ! »

Situation géopolitique générale : le Grand Jeu entre le Royaume-Uni et l'Empire russe 52

Avant la bataille, opérations stratégiques : la guerre d'Orient devient guerre de Crimée 57

Déroulement de la bataille : la charge de la brigade légère 63

Conséquences : la polémique ne cesse d'enfler 71

Little Bighorn (États-Unis, 1876) 75
Ivrognerie, incompétence et trahison lors du dernier combat de Custer

Custer, le héros qu'on adore détester.. 76
Situation géopolitique générale : les guerres contre les Indiens des plaines 84
Avant la bataille, opérations stratégiques : une attaque en tenaille.. 87
Déroulement de la bataille : la colline du Last Stand........ 90
Conséquences : la fin des Sioux 97

Isandlwana (Afrique du Sud, 1879).. 101
L'*impi* zoulou balaie l'armée britannique

Situation géopolitique générale : la puissance de l'Angleterre victorienne 102
Avant la bataille, opérations stratégiques : une invasion en trois colonnes.. 104
Déroulement de la bataille : le jour de la lune morte........ 111
Conséquences : malgré tout, la fin du royaume zoulou......... 119

Tsushima (Corée, 1905).. 121
La première défaite de l'Occident moderne face à une puissance asiatique

Situation géopolitique générale : le Japon, puissance émergente.. 123
Avant la bataille, opérations stratégiques : la flotte russe fait le tour du monde 125
Déroulement de la bataille : barrer le T.. 133
Conséquences : une grande puissance est née 137

L'expédition des Dardanelles (Turquie, 1915)..................... 141
Un désastre pour l'Empire britannique

Situation géopolitique générale : à l'est, du nouveau, faire sauter le verrou des détroits 142
Première phase de la campagne : échec de l'opération navale.. 143

Déroulement de la bataille terrestre : la deuxième phase..... 149

Déroulement de la bataille terrestre : troisième phase 154

Conséquences : Gallipoli, Churchill et Dunkerque........... 163

Dien Bien Phu (Vietnam, 1954) 167

Trop investis pour abandonner, ou le piège abscons vietnamien

Situation géopolitique générale : la dislocation des empires coloniaux.. 168

Avant la bataille, opérations stratégiques : l'opération Castor et l'encerclement.. 175

Déroulement de la bataille : l'agonie de Dien Bien Phu ... 183

Conséquences : vers la guerre du Vietnam 189

Remerciements 193

Index.. 195

Bibliographie sélective 201

Table des cartes

Début de la 2e guerre punique, 218 av. J.-C 17

Bataille de Cannes 28

La guerre de Cent Ans. Situation en 1418 36

Bataille d'Azincourt 42

La guerre de Crimée, 1853-1856 56

Carte de la Crimée, 1854 61

Bataille de Balaclava 67

Guerre des Blackhills 86

Bataille de la Little Bighorn 92

Invasion du royaume zoulou, janvier 1879 106

Bataille d'Isandlwana 114

Itinéraire de la flotte russe, 1904-1905 127

Bataille de Tsushima 135

Première Guerre mondiale, fin 1914 144

Les Dardanelles, février-juillet 1915 157

Indochine, début 1954 170

Bataille de Dien Bien Phu 178

Imprimé en France en octobre 2020
par Normandie Roto Impression s.a.s.
61250 Lonrai
N° d'impression : 2003974
ISBN : 978 2 36 075 819 7
Dépôt légal : novembre 2020